我的中小企业论

私の中小企業論

[日] 宫内义彦 著

蒋丰 译

人民东方出版传媒
People's Oriental Publishing & Media
东方出版社
The Oriental Press

目录

前言

　　本书聚焦于中小企业、初创企业的经营，分章节总结阐述企业经营中最重要的各事项。例如：经营者在企业成长的过程中需要注重哪些方面，走哪些程序，树立何种目标等。

　　每个主题都有一个"行动指针"一般的标题。初读这些标题，您可能会觉得这些都是理所当然的，但是真正困难的是将这些内容全部记于脑中，并且每天付诸实践。这些"行动指针"都是从我的经验出发精炼出来的，留心这些内容一定会对您有所帮助。

欧力士集团的前身叫 Oriental Leasing Co., Ltd.（1989年更名为欧力士）。创立时注册资金 1 亿日元，只有 13 名员工，是一家初创企业。我自那时起就已经是其中的一分子，与企业管理者一起打拼，之后又成为社长接班人，每天都投身工作之中。

不忘初心，欧力士如今依然是初创企业

如今欧力士已经成长为拥有众多员工、多种业务的大企业，但是对于我来说，依旧感觉它还是个初创企业，因为很多事情还仿佛发生在昨天。我认为，欧力士是从初创企业成长起来的极富日本特色的公司，至今仍然保留着初创时那样的企业文化和精神。

本书是我长久以来工作经验的积累和总结，希望可以给予中小企业和初创企业的经营者、创业者，抑或是准备走出校门踏入社会的学生一些参考。

不知是因为欧力士是以金融业务为主的企业，还是因为已在美国纽约证券交易所上市的原因，最近欧力士被越来越多的人视为"大型企业集团"。

其实，现在与欧力士在业务上有合作关系的企业中有一半以上是中小企业，所以我在工作过程中经常收到与经营相关的咨询。从中可以感受到的是，如欧力士创业之初一般，公司的干部与普通职员需要齐心协力以及与合作伙伴寻求合作共赢的信条现如今依旧存在。

说一个过去的回忆，那时我还是 Oriental Leasing Co., Ltd. 的主任，职员们经常会在一个类似于居酒屋的地方聚餐。后来公司逐渐有了些知名度，店主对我们说"今后可以挂单"。当时通过身边实实在在发生的变化，切实感受到了公司的成长。

日本的中小企业中，制造类企业的技术能力以及产品竞争力别说是在日本国内，就算在国外也是颇负盛名的。单单说零件制造商，就存在涉及各个领域的企业。这些汽车、家电、精密机械等领域的中小公司在支持着大型企业的发展。

另一方面，即使有技术能力，还是有很多中小企业因为资金的短缺而无法将事业扩展到国外。或者也有很多案例是被接班人问题逼入墙角，最后不得不放弃了本业。

不只是制造业，占 GDP（国内生产总值）70% 以上的第三产业中有着不计其数的初创企业和中小企业。不仅有批发、零售业，范围还延伸到了餐饮、物流、观光等行业。例如饮食连锁店，虽然以各种新的业态出现，最终还是会碰壁，受阻，或者因为劳务纠纷问题而被列入企业黑名单。

在成功案例和失败案例两方面都接触了之后，我有了强烈的愿望想要通过自身的经验给大家一些建议。

在欧力士这样的"中小企业"中工作，我也从上司、前辈那里学到了很多。

印象特别深的是欧力士的重要创始人、先后任职欧力士社长和会长的乾恒雄先生（已故）。

在本书正文部分也会有详细说明，乾先生从公司规模还很小的时候就经常说："我觉得我们公司的每位员工都是优秀的社会人。"也就是说，乾先生相信我们每个人都可以按照优秀社会人的标准干好工作。每每听到这句话，我就秉持着"一定要做好"的信念，认真做好每件工作。

乾先生从不做细碎的要求，是个心胸宽广的人，所以公司也形成了没有压力的企业氛围。正是因为这样，经营者才能以人格包容着整个组织。真的是个非常优秀的中小型企业。当时觉得这些都是理所当然的，但是现在看来，真的是特别了不起的经营方式。

我绝不是在效仿这样的经营方式，只是在不知不觉的情况下受到了乾先生的影响。

乾先生也影响了其他的很多人。我会在正文部分详细叙述自己在乾先生那里得到的教诲。

出现问题的时候、有烦恼的时候，或者困扰于人才问题的时候，将这本书翻开，重新阅读各个章节，也许您会找到解决问题的提示。当然，我的经验并不是成功谈，只不过是在过去长期的工作经历中，我直面了很多的问题，从中总结出不少经验，终于想到"也许这样可行"的一些方法，然后将这些方法写下来而已。衷心祝愿各位读者能够在经营或者今后的挑战中获得成功。

译者序

这是我为日本欧力士集团资深董事长宫内义彦先生翻译的第四本书。前三本书——《追逐明天——我的履历书》《抓住好风险》《我的经营论》已经在 2015 年到 2018 年期间由东方出版社分别出版。

选择翻译宫内义彦先生的《我的中小企业论》有一个不为人知的理由，那就是在日本，日经 BP 社出版的这本书的封皮首先吸引了我。深绿色的封皮上不仅有宫内义彦的彩色照片，白色字体的书名《我的中小企业论》下面还有这样两行字，一行是"给挑战社长的声援之歌"，另一行是"老板经营实践的28条"。

包括我在内，每一位中小企业的老板都在面临着各种各样的挑战。他们有的时候激情满怀，有的时候冲锋陷阵，有的时候硕果累累，有的时候遭遇挫折，有的时候直面危机，有的时候彷徨不知方向。在他们顺利并且成功发展的时候，他们需要"声援之歌"；在他们遭遇坎坷、失败的时候，他们更需要"声援之歌"。这种"声援之歌"，不是那种引吭高歌的"声援之歌"，而应是那种低缓坚实、提振精神的"声援之歌"。这种"声援之歌"，不是那种升入云霄的"声援之歌"，而应是那种焕发初心、抓铁留痕的"声援之歌"。在我看来，宫内义彦先生的《我的中小企业论》就是这样的"声援之歌"。

初次读罢宫内义彦先生的《我的中小企业论》，你可能感到平淡无奇，甚至觉得有些乏味。是的，这里面没有当代中国企业家那种犹如乘坐过山车般惊心动魄的经历，也没有当代中国企业家那种催人泪下、令人扼腕的情感历程。但是，它记述了一个当年只有13个人的风投公司如何发展成为世界500强企业的经营之道。仅凭这一点，这本书就值得反复阅读。当然，每个人的心得会有所不同。我更坚信，作为中小企业经营者，每次阅读之后的心得也会不同的。正所谓，"书读百遍，其义自现"。

宫内义彦先生是从中小企业经营者成长起来的。这本书，是他经营企业的经验积累。他不是一般的讲故事，而是从自己的经验中提炼出精粹，娓娓道来，让晚辈们"细思量，自难忘"。我自己在回想已经走过的人生历程时，常常有一种感慨，感慨自己每每在人生的关键时刻，遇到了一位优秀的老师。他们都是循循善诱，因材施教，为我拨阴破霾，守得云开见月明。阅读和翻译《我的中小企业论》时，我又有了这种重遇良师的感觉。

说到良师，回忆起来，未必有许多可讲。他们常常是一件事、一句话，让人铭记在心，并且在人生道路上得到了反复的验证。《我的中小企业论》也是这样一位良师，它告诉你，"每一个主题都有一个'行动指南'一般的标题，初读这些标题，您可能觉得这些都是理所当然的，但是真正的困难是将这些内容全部记于脑中，并且每天付诸实践。"这从侧面再一次告诉我们"知行合一"的重要性。

让自己成为所在行业的"大腕"，应该是每一位中小企业经营者内心的追求与梦想。我庆幸自己在这个追求与梦想的过程中与《我的中小企业论》相遇。因此，我也愿意郑重地把这本书推荐给每一位中国的中小企业经营者。

序至结尾，我还要感谢《日本新华侨报》社长吴晓乐女士。在翻译这本书的时候，她时常激励我："你又有了新的榜样！"这种激励，也是这本书能够与读者见面的驱动力之一。

《人民日报海外版》日本月刊总编辑

蒋丰

2019 年 3 月于东京乐丰斋

第一章

中小企业经营的 6 个"真相"

这部分总结了中小企业的经营者应该时常留意并且需要付诸实践的内容。公司的员工是否在生龙活虎地工作，公司是否能够长足发展，这些都取决于经营者的决策。所以，这部分主要描写了管理者在经营过程中需要直接面对的"真相"。我之所以特意将内容总结为 6 条，原因在于要将内容缩小到可执行的范围之内。中小企业也许会遭遇非常严峻的局面，此时希望经营者能做到不去逃避、正视现状，继续磨炼自我以及经营能力。

"真相" 1　从经营者看公司好坏

让中小企业的经营者比较痛苦的事情是自己"完全暴露"在员工的眼睛里。不仅是工作，连私生活都会受到关注。例如，"社长宿醉"这样的事情都会在公司内人尽皆知。公司经营者要做到即使每天暴露在员工的眼睛里，还是可以得到"就是有魅力"这样的评价。

如果是大企业，一般员工是不知道经营者每天在做什么的。大企业的员工和经营者之间的距离就是这么遥远。

但是，中小企业的员工每天都可以见到经营者，经营者的工作成果也是一目了然的。虽然这种处境有令人痛苦的地方，但是也会让人更有干劲，更加充实。

正是因为完全暴露在众人眼下，所以对于中小企业、初创企业的经营者来说，在发挥自己领导能力的基础上，怎样自我成长是很重要的一个课题。

特别是对于那些既是企业所有者又是企业经营者的人来说，全部事情都要靠自己。绝对不会有谁来启发你，或者教你一些东西。重要的是能否做到自己感觉到某件事情的重要性，并且主动付诸行动。中小企业经营者的能力达到一个瓶颈后，企业也将不会再有发展。经营者自己不成长的话，企业也不会再成长。

假如出现了一种非常特殊的商品，并且在世界范围内保持畅销的话那另当别论。一般而言企业发展都会受到经营者本身才智的限制，发展程度限定在经营者的才智范围之内。所以，经营者应该不断磨炼自己，脱胎换骨。经营者是否在不断进行自我积累，下属看得一清二楚。所以对下属而言，能在不断自我提升的经营者手下工作是件十分幸福的事情。

要清楚了解自己的长处与短处

尽量多跟比自己优秀的人交流，这是让自己脱胎换骨的有效方法之一。因为这样可以对自己的长处与短处有一个简单明了的认知，找到能够帮自己弥补不足的人是一件非常重要的事情。不断分析自己，把认清自身不足这种"智慧"掌握好吧。

虽然这么说，但是我自己在这么长的经营者人生中，却没有强烈意识到为学会这种"智慧"付出更多的自我钻研。虽然到了现在用"钻研"这个词来形容，但是以前自己看书学习的时候，却觉得"钻研"这个词显得多少有点小题大做。现在想想那个时候，因为有需要和兴趣才拼命地看书学习，回过头来看，那时候的努力已经成了自己的力量，这样的例子也不在少数。

还有一种我想推荐的方法，就是参加学习会。如果有机会何不多去见见世面参加一下呢。我自己年轻的时候，也有过很多参加的经历。就任社长之前，前任社长带着我去了很多的地方，于是有很多机会和一些著名的经营评论家定期共享晚餐。这些人在经济领域人缘广，与许多的企业经营者有人脉关系。即使在见面的时候是坐在末位的座位上，侧面看着那些企业经营者们诉说故事的神情，倾听企业许多真实故事的时候，还是让我受到了很多的启发。"大企业的社长应该全是很伟大的人吧"，我的脑海里转动着这样的思绪，就这样听着他们诉说各种故事。

有一次，我问一位评论家一个很单纯的问题："大企业的经营者们是不是都是充满了人格魅力的人？"那位评论家给出的答案，出乎我的意料。他非常坦率地告诉我："不，也有很多人不是这样的。"

这个答案，颠覆了我以往的思维。从前对那些地位较高的人，我一直抱有一种单纯的崇敬，但是这件事之后，我也懂得了"地位并不是一切"。我也是成为经营者之后才深切感受到，能够听到这种真话实在太重要了。好奇心虽不像上进心那么富有夸张意味，但随时保持好奇心也是一件非常重要的事情。

实际上，时常保持学习心态的经营者才能够获得巨大的成功。虽说是陈年旧事，依然想分享给大家。广濑电机曾经有位叫酒井秀树（已故）的社长，他年轻的时候就是一位勤奋用功的好学之人。广濑电机的经营主看中他的才干，任命他为社长。果不其然，酒井先生带领这家公司成长为了一家业绩优良的公司。我经常回想起以前参加那些学习会时酒井先生也在那里的场景。

经营者们的前辈、伊藤洋华堂的创始人伊藤雅俊先生是位大企业家，同时也是一位非常好学的人。有一次，他来到我们公司，对我说："宫内先生，能借用您一点时间吗？"问我"欧力士都做哪方面的业务"。我就把大概情况介绍给他听，伊藤先生身为前辈却手拿一本笔记本，听的时候认真记下了许多笔记。他大概并非只在访问欧力士时这么做，应该是坚持这样从各种各样的公司中不停地学习，彻底坚持了几十年。

此外，日本尤妮佳集团的创始人高原庆一朗先生从担任社长时代开始就是一位非常优秀的人。每次参加学习会的时候，都看到他坐在第一排，像大学生一样认真地记笔记。总感觉他怕"追赶"不上大家。顺带一提，他的儿子高原豪久社长也是一位非常勤奋好学的人。

从减少打高尔夫球开始

从中小企业经营者的立场来看，也许大家会觉得一大堆的工作都忙不过来，哪里还有学习的时间啊。大家是不是时常感觉自己的生活总像是被什么追着跑。的确是这样，在这样的情况下还坚持学习，可能是一件十分痛苦的事情。尽管如此，为打高尔夫球而专门腾出时间的中小企业经营者，却不占少数。从打高尔夫球的时间里面，稍微挤出一点时间来学习，又有什么不好的呢？

虽说是学习，但并不是对付考试的那种学习。经营者在学习过程中应该着重注意以下方面，包括如何推动自家公司业务发展，怎样把握方向，以及为达成这些目标现在应该怎样做。不断完善经营计划和发展战略是一件非常重要的事情。

不太愿意参加学习会或研讨会的经营者不妨转变一下看问题的角度和心态，就当是去听听前辈经营者们的故事。听听自己当作努力目标的经营者怎么说，能拓宽自己的视野，或许还能让人学会如何有效调整心态及与他人相处的方式。人还是从学习中获得的改变是最大的。

重要的事情是，平时就要有"这个问题找谁商量比较好呢"这种思考方式。但仅仅是想从对方那里获得意见，这样的关系是没有办法长久维持的，也需要自己给他人带来一些具有刺激效果的意见。通过相互学习，才能保持一个良好的长远关系。

可能的话，经营者应该尽量和比自己公司规模大的企业的经营者多交流。他们作为经营者的经验更加丰富，这些快速成长者身上往往有很多东西值得经营者学习。不要觉得已经太晚，关键是要懂得抓住机会。

本来能够拥有一位"经营师父"是一件好事，他不仅会给你提意见，还会给一些忠告和警告等"逆耳之言"，但是能找到这种精通所有事情的人，并不是一件简单的事情，也不太现实。所以不能事事都去依赖别人，要根据事情的不同去咨询那些精通于某些方面的人。虽然对于公司的问题，有时候公司之外的人能够一语道破，但是从另一方面来说，自己公司内的人的意见有时候也很重要。不断摸索，不断试错，不断学习，造就一个自己的风格，我认为这样很重要。

"真相" 1

多和比自己优秀或与自己
不同类型的人才交流

"真相" 2　触动人心, 充满人情味儿

　　如果经营者和企业组织过于死板规矩, 那么对于员工来说就是一件非常痛苦和不舒适的事情。公司的经营层没有办法让人感受到亲和感, 结果导致公司的职员渐渐没有办法感受到工作的意义。公司内部应该是充满了和谐的氛围, 说得更明白一点儿就是要有人情味儿, 像浪花曲（日本一种三弦伴奏的民间说唱艺术）的世界一样有趣也是可以的。

　　一般提到优秀的经营者, 人们想到的往往是如何布局

企业业务或者怎样灵活运用人才这类事，而忽略很重要的一点，那就是如何保持与员工和客户之间的人情味儿，如何让彼此血脉相连，也就是说打造一种充满人情味儿的经营风格。对于企业来说，这一点非常重要。

用一句话总结就是，"经营者的发言是否触动员工内心，经营者的行为是否让人心潮澎湃"。是否能够做到，创造出一种充满人情味儿的公司氛围，这恰恰是考验经营者的地方。怎样做到充满人情味儿呢？其实方法有很多。

员工能够产生共鸣，感受到有趣的地方

如果经营者每次讲话都只顾长篇累牍地讲个没完，自顾自地一个劲儿喋喋不休，那很可能招致大家反感。但如果经营者怀着一腔热情，对员工真情实意地演讲也说不定能够打动他们的心。或者时不时地邀请自己的员工说："走，去喝一杯怎样？"这样的方法也不错。从员工的立场和所处的状况来看，有很多可以和他们交流的方法。无论最高经营层展现了多么美好的愿景，如果公司员工无法产生共鸣，并充满乐趣地工作的话，也无法提高企业成功的几率。

企业经营者和员工都同样是人，仅仅依靠营业额和盈利之类的数字，是很难刺激他们拿出干劲的。我希望大家首先要有这点认识，有魅力的人格是后天养成的。确实有些人生来具备社交的禀赋，或是擅长与人交往，但是作为企业经营者的魅力是可以通过努力而获得提升的。你作为一个人，对人生进行过多么深刻的思考，在因事业而忧虑时又有多么努力，综合这些思考和经历而最终积淀形成了现在的你，在周围的人看来，自然会是一个"有趣的人"，抑或是一个"充满魅力的人"吧。

最近比起照顾员工情绪和内心感受，倒不如说企业更倾向于通过制定规则以及强调合规（遵守规章）等来防止公司内部的失败。我并非打算否定合规这样的规则和制度，但是我认为，企业即使能够靠着加强对员工的管制使企业变成一个问题不多的组织，也无法最终成为一个充满活力的职场。

当员工想要出主意、发言，或是采取超越常规行动时，如果企业内部是一种制止他的氛围，那么这个企业是无法创造出新附加值的。尤其是中小企业、初创企业的管理者们，比起整顿企业的意识，我更希望他们保持强大的勇于挑战的创业家精神。这样一来，员工看到他们的身影，精神也会更加振奋。

一个企业的好坏通常是通过"企业活动的规模"以及"盈利的多少"来评判的。然而，这些都只是外在，若是去看企业的内在，便会知道这一切的背后都是依靠人在运作。并不是资金和设备在推动企业的发展，请不要忘记这一点。

"真相" 2

不要仅凭数字来评判企业和员工

"真相"3　不要让孩子继承自己的事业

"优秀的员工真是太难找了"，这应该是中小企业共同的烦恼吧。招不到理想的人才，培养人才又要耗费很长的时间，要操心的事实在太多。

尤其在自己既是企业所有者又是经营者的情况下，如果无法如愿以偿地培养出人才，又招不到优秀的企业管理骨干人才，那将来就非常令人不安了。这样一来，人们就会产生一种强烈的倾向性思维，即"让儿子（或是女儿）来继承自己的事业吧"。在自己创办的公司当大股东的话，人们很容易产生"公司是家业"的想法。所以想让一路看着自己的身影长大的孩子继承公司也并非不能理解。

然而，从结论来说，不让孩子继承公司才是上上之策。

观察所谓成功的中小企业就会发现，如果让儿子或是女儿继承了公司，这些二代经营者大多会趋于保守。一旦变得保守，别说是壮大公司了，整个事业甚至会有"缩水"的可能性。长远来看，企业会停止成长，缺乏灵活应变的能力，跟不上时代的步伐，弄不好的话失败的概率也会不断增加。当然也存在例外，但是，即使如此还要将公司交给孩子，在结果上对二人来说都伴随着会变得不幸的巨大的风险。

单纯地想想也能想到，创业成功的第一代经营者的子女也同样成了成功企业家，也就是说两代人连续获得成功，这样的概率绝不会太高。与其执着于这样的低概率，不如从内到外扩大寻求人才的范围，采用这样的方法成功的可能性反而会高很多。

不让子女继承，公司将更健康地发展

反过来可以说，下定决心"不让孩子继承这个公司"，那公司将会获得更大的发展。

虽然偶尔也有父亲创建的公司在孩子接手后更加发展壮大的例子，但是这种情况还是非常少见的。有时间思考如何让儿子或女儿继承，不如在公司内外寻找更合适的人才。早早地宣告自己"不打算让孩子继承公司"，让他们走自己喜欢的路也是非常重要的。

欧力士并不是我一个人的公司，我在很早以前就定下了"不让子女进入欧力士"的原则。从我儿子小时候起我就告诉他，"我是不会让你进欧力士工作的"。

关于"事业继承"，我将在本书第四章中进一步详细介绍。

在这里我想先提一点，那就是中小企业应该更好地利用大企业的"毕业生"，也就是退休员工。有很多人有丰富的经营经验却在退休后彻底闲下来，什么工作都没有做。像这样的人，尽管他们有想在某处继续工作的想法，却无法很好地与寻求人才的中小企业建立起联系。这些难得的经验丰富的人，却没有企业张开双臂去迎接他们。

当然我并不只是在推荐就职于大企业的人。因为也有些人会无法舍弃自己莫名的自尊心，所以有必要多加注意。我只是觉得如果中小企业认为"大企业的员工与自己无缘"的话，那就太可惜了。不如试着积极地去寻找一下吧。

最后，我想再提一下世袭这个话题。

以东南亚为首，包括我们的邻国韩国，其实在企业社会这一点上与日本是有相当大的差异的。

比如韩国的大财阀，现在还有很多是家族经营的。日本则与之相反，即使是个人所有型企业，随着企业的发展也会公开发行股票，在增强公共性的同时，拥有企业所有权的家族会退到幕后。当经历三代更迭之后，原来的所有者则后退至象征性的立场，像这样的例子似乎很多。这可能也是文化上，或者说是经营上的特征吧。我认为这一点与韩国以及其他的亚洲国家的企业是有差异的。

让家谱（家系图）里出现众多经营者并将他们都与成功连接起来，这是相当困难的。即使让孩子接受了良好的教育，他们也不一定能成为优秀的经营者。你是将自己的公司看作"家业"并仅仅希望它能存活下去，还是希望它能从"家业"成长为"企业"并在经济社会中彰显自己的存在价值，这两种想法的不同将成为影响企业未来发展的重要因素。我相信，即使是中小企业、初创企业，也只有在企业发展成为具备公共性的企业之后，才能说这是一个成熟的企业。

我希望中小企业也能找到优秀的经营者，使企业发生变化，使其不断成长，并努力使其在下一个时代成为一家公共（公众）的企业。

"真相" 3

子承父业无法让企业长远
发展

"真相" 4 时势造英雄

就算没有 2008 年的雷曼事件所引发的金融危机，危机也会随着你的忘却而随时来临。哪怕企业经营还未恶化，但因为宏观经济的激烈变动，企业经营一下子变得岌岌可危也是有可能的。

就我个人的经历和感受而言，每每跨越过这样的危机，企业都会变得越发强大。

"常备危机意识"，经营者应该时刻将这句话铭记于心。企业做得越大，客户和利害关系者越多，相应地卷入危机的可能性也越大。

重要的一条心得是，千万不要认为我们企业内部的工作方式、业界规则，或者是系统机制是绝对的。就算是状态良好的时候，如果太过拘泥，就无法进行变革，每每迷失于时代的大潮之中。"是不是应该迎合客户的变化，做出些改变呢"，或者"如果太过拘泥于这个商品或者服务的话，是不是会有危险"等，看清并明确自身企业的定位是非常重要的。

就我自身的经验来说的话，企业一帆风顺的时候，企业组织上的运营会保持良好状态的循环。明确每个员工的职责，良好运营的话，企业就会保持持续发展。

但是，在20世纪90年代日本泡沫经济崩溃和前文所提到的2008年金融危机等紧急情况下，这样的运作方式是派不上用场的。如果和往常一样地工作，是无法跨越危机的。

危机是真正考验经营者能力的时刻。但这不是说要一个人"孤军奋战"，而正是因为在这种情形之下，才更应该对员工进行再评价，推敲对策。

一般情况下，会出现值得信赖的部门的"核心人物"垂头丧气，而原本不怎么被信赖的员工却会发挥出"洪荒之力"的情况。正是在紧急时刻，一定会出现这样令公司感到"意外"的职员。我们一定要发掘出这些"英雄"，一起渡过危机。这样之后，企业会得到脱胎换骨般的成长，变得更加强大。

所以，经营者不应该轻易对任何一位员工下结论，应该看什么样的人会在各种复杂状况中"一跃而出"。常年和员工在一起工作，肯定会遇到各种各样的场面，从中就能看出某个人擅长什么、不擅长什么。我也是在经历过多次的循环往复后才终于领悟到这个道理的。

断定"这个员工就是这样的人"

反过来说，认定"这个人是这样的性格，有这种程度的能力"往往也会有判断错误的时候。人是随着时间变化的，而且很大程度上被环境左右。

想让各类员工都积极热情地工作，企业需要为员工创造一种适合成长的环境，这是不可或缺的。

经营层必须对每个社员发出这样的信号，并让员工感受到"企业一直很重视我"。员工每天是在感受到"被委任了重要的工作""自己的意见有被听取"而提高干劲努力工作的。

要调动起那些认为"自己完全没有被看重"的员工恐怕是很难的。

就我的经验来谈，这是经营者能够委任给员工多少"超出员工自身能力以上的重要工作"这样的课题（Assignment）。根据这个课题达成结果的程度不同，将会成为企业发展的分水岭。

当然，这肯定不是那么简单的事情。但是，如果经营者或者上司没有让部下发挥其该有的能力，企业的业绩理应是会下滑的。所以，切不要忘记"要尽可能地激发出员工的潜在能力"。

经营者也许常常会这么想，不努力工作的员工有很多。但是，企业的经营必定不会是一帆风顺的。每过10年或者20年就会遭遇一次"重大"的事件。特别是在困难之时，不是全部员工都会为了克服困难而工作。并不是每一个人都会直面难题的。但也会有意料之外的人或者根本想不起是谁的人认真地面对困难并主动付之以行动。对于上司来说这恰好是重新发现、揭开不明之处面纱的机会。不管怎么说，我们唯有集齐这些人才的力量，合作前行，才能克服困难。

这时，勇敢站出来的人和退缩不前的人被区分开来了。但是对于那些退缩的人，经营者不应该只是感到遗憾或者仅仅发出叹息，而应该想到，这些人会在其他不同的状况下勇敢地站出来。经营者要学会结合不同立场和实际状况去用人，这才是真正的用人之道。

"真相" 4

努力激发员工的潜能

"真相" 5　资金周转量力而行

　　中小企业的经营经常遇到的一种情形是，当公司的经营遇到困难时，往往需要经营者把自己的房子拿去抵押，或者自我宣告破产。

　　本来公司和个人是不同的存在，而比较难的是，像家族企业这种公私一体化的情况比较多。这种时候，为了让公司接受融资，不得不把自己的家产拿出来做担保，或者用人寿保险当作债务的担保，虽说是企业，但是却是用经营者个人的信用来支撑企业的经营。经营变得非常困难的时候，不只是经营者个人，甚至家庭也要受到连累。这就是常说的中小企业经营难的一个地方。

如果是小本经营的中小型企业的话，情况会更严峻。

比如，自己的房子在公路主干道的旁边，房主利用房屋靠近公路的便利条件开了家加油站或者是便利店，企业员工全是自己的家人。像这种情况，就算企业采用了股份制有限公司的形态，但它实质上还是在使用自有住宅。如果店主为了投资设备而投入了自己全部家产的话，一旦企业经营失败，自然企业债务会成为全家人的负担。

原本股份制有限公司，是基于资本金的出资规模，以有限责任为原则成立的，但实际上的结果就是经营者个人担保，出现问题后经营者个人承担责任。如此，对于他们来说，公司就成了无限责任制。此种悲剧不断发生，这也是日本式经营最不好的一点。

就算是创业，首先经营者个人的资金周转能力极限就约等同于企业规模发展的极限。不应该去考虑超过这个规模去展开更大的事业。所以基于这一点，经营者们应该充分认识到自己的资金周转能力，并且在资金调度方面务必要谨慎处理，量力而行。说得极端一些，拿自己的房子做担保去融资这种事，确实是有点"不自量力"。如果经营者以个人去做担保，那么责任必将变得越来越大。即便可能会让公司的成长速度放缓些，但经营者在融资方面请务必将以下这点铭记于心：融资规范应控制在"企业资产的范围"或"企业实力的范围"内。实际上，我以前在担任欧力士的 CEO（最高经营责任者）的时候，也为欧力士做过个人担保。所以说我也意识到过这样做责任之重大。"豁出一切，好好地干一番事业"，如果有这样的经营者存在的话，我一定会这样奉劝他，"你这样地豁出一切，会陷入困境"。因为事业是为了生活下去的一种手段。而不是为了事业而活着。我们要好好过日常生活，而让日常生活好好继续的手段就是我们的事业。为了事业而让我们的日常生活崩溃，这样的行为本来就是本末倒置。我认为干事业就应该是这样的。

"赌上自己的身家性命去工作实在是太夸张了"，"但还是要用尽全力去做好这份事业"，我时常把这几句话挂在嘴边。

如何筹集资金

现在，各种面向中小企业提供周转资金的服务陆续地在推出。

在日本，国家以及地方的公共融资在增加的同时，为提升地方中小企业的活跃度，银行也推出了多种多样的贷款服务。甚至还有融资以外的方法，譬如发行企业债券，通过接受风险投资等，以前没有的资金募集方式也渐渐应运而生。不要武断地认为"已经无路可走了"，应该不断地主动地去了解和尝试新的资金调度方式。所以，在做个人担保之前，希望大家能先想尽其他办法。

"真相" 5

不要让资金周转打破日常生活

"真相" 6　听取他人的意见

　　为了验证自己的判断是否正确，我经常去咨询和听取顾问们的意见。

　　这是在听取第三方的意见。针对"我是这样想的"这种思维方式是否是一个巨大的错误。

　　当成为一名企业经营者以后，很容易混淆作为企业经营者的强大权力和自己的实际能力。并且，周围可以提供有效建言的导师般的人也一下子减少了很多。如果因此误认为自己是最了不起的、最正确的，就会造成判断失误。

我怀着要向别人讨教的心情和自己决不能判断失误的想法，从公司规模还很小的时候就开始热心听取多方顾问的意见。并且积极参加研讨会等。这个习惯延续至今，所以到今天我身边还有交情长达 35 年之久的顾问。

经营的主体最终还是经营者

如果顾问直言"不对，这是错的"，我也会重新考虑，但最终主要还是靠经营者自身，要避免让自己变成"你教教我吧"这种被动的立场。企业经营者本身才是经营专家，经营者应该比顾问更专业。要避免主客颠倒，经营者可以站在负责人的立场上，听取顾问的坦率意见。有时会修正原来的方案，有时也会信心十足地按照原方案执行。我并不是在推荐大家去用顾问，但仅凭自己的想法去决定公司的方向和业务的发展，一旦发生误判就会给企业造成风险，所以建议大家以站在外部或者说是客观的视角去看问题。作为一名企业经营者，寻求多角度看问题，防止自己陷入盲目自大，是十分重要的。

最后，我想谈一下我们当下正面临的经营转折点。那就是包括"缩短劳动时间制度"在内的劳动方式改革。改革由政府倡导推行，企业也正在积极应对。社会变革导致企业形式发生改变，身处这样的环境，应该如何应对时代的要求，这是一项重要课题。

很多经营者都是"工作狂"，即使是连续工作也不会叫苦。他们可能无法认同这种要求改革劳动方式的倡议。但正因如此，可能才需要参考别的企业的动向，以及第三方的意见。

说到日本经济为什么能在"二战"后如此腾飞，我认为理由很简单。虽然劳动生产率非常低下，但是采用了超乎寻常的长时间劳动的方式。社会整体劳动量总和很大，也就造就了那个时代下经济发展的成果。在劳动生产率低下的情况下，突然缩短劳动时间，就会造成大问题。站在经营者的立场上，拥有这种想法的人应该有很多。

这个问题的解决之道恐怕不是抵制劳动方式改革，而是要理解这是一个关于如何提高企业自身的生产率的经营课题，并要采取行动应对这个新课题。比起认定自己的想法决策都是正确的，企业经营者更应该多听听专家们的意见或是其他观点，拥有多视角，把握正确的距离感和焦点。

"真相" 6

努力用多视角看问题

强化组织的 4 个着眼点

第一章概括总结了中小企业的社长日常需要留心哪些要点以及如何正确思考工作方式，并从企业经营者的视角阐述了 6 个"真相"。

　　第二章将跳出社长个人的框框，纵观公司内部以及组织关系，或是与员工交谈的时候，社长如何提高员工士气以及公司整体的凝聚力这些问题，从公司整体的角度进行概括整理。不论什么状况下，组织内部每天都在发生着变化。而那些随着环境顺势发展的公司才会成长。为了能够及时地察觉到这些细小的变化，平日里就要留意以下这些着眼点。

着眼点 1　用数字抓住企业全貌

　　不好的信息往往都很难传到企业经营者的耳朵里，这一点对于任何一位经营者都是如此，无论大企业还是中小企业，跟企业规模没有任何的关系，企业的经营者就意味着"孤独"。

　　实际上也不仅仅是不好的信息，有些对于企业而言很重要的正面信息，经营者也不一定能在第一时间知晓。经营者自身可能觉得自己掌握公司所有的信息和变化，事实上有很多事他们并不知道。如果他们没有意识到这一点的话，就真会成为"皇帝的新装"里那个国王。就算是想要营造良好的公司氛围和组织关系，由于听不到不同的声音或者说是掌握不到真实的状况，也就很难描绘理想的企业面貌。遗憾的是，现实中不少经营者却不得不基于这样的现状管理公司。

那么，这种情况下管理公司的心得体会有哪些呢？我认为，要想真正了解公司整体的情况，掌握营业额和利润等"数字"十分重要。

很难意识到"信息不足"

比较麻烦的是，与其说大多数的企业经营者并没有意识到自己的"信息不足"，不如说不少经营者都自认为"我已经掌握了公司方方面面的信息"。这里不单指完全拥有企业所有权的经营者，哪怕是从公司高管晋升到社长的人，要看清实情也同样需要花费很多时间。因为他们很难真正意识到经营者和其他人的立场不同之处。

不管是什么公司，职员在向经营层报告工作的时候，经常能够听到对于职员没有及时反馈相关信息而发生"我从没有听说过这件事"的不满。比起报告工作的内容，更多的经营者更在意报告的时间点，这是因为经营者往往认为自己一直都掌握着重要的信息。其实他们常常都处于"没有听说过"的状态。特别是伴随着中小企业的发展，公司经营者手中所能够掌握的信息会变得越来越少，才会出现"什么？这件事情我从来没有听说过"的情况出现。虽然我也理解经营者们"想掌控全局"的心情，但在这种时候即使生气地说"好好地给我说明一下情况"也没什么用。现实情况是，就算员工想向经营者报告所有的信息，作为经营者来说也未必有那么多的时间和精力去一一应对。在发生问题的时候，如果还处在经营者不知道的情况下，由负责此事的公司干部和普通职员一起合力想办法积极解决问题，这才是一个优秀的组织。

想着在解决问题之后再向经营者报告，中途却被经营者知道后，被迁怒问"为什么不向我报告"，如果出现这种状况，负责此事的职员将会陷入困境。

我们常说企业的组织运营需要执行"菠菜原则①"。这里并不是指蔬菜，而是指上司及时接收部下的报告，取得联络，沟通意见的重要性。通过"菠菜原则"使企业组织

---

① 译者注：日语原文为ホウレンソウ，该词有两个意思，一个是菠菜，另一是日企专门用语，表示及时报告、及时联络、及时商量的工作模式。（ほうれんそう＝報（ほう）告＋連（れん）絡＋相（そう）談。

随时在健康状态下运转。

虽然我没有全盘否定这种想法的打算，但是，任何事物都讲究一个"度"。就算将"菠菜原则"实施得尽善尽美，企业组织也不见得一定能运营得更好，重要的是结果。当然我们也可以说，"菠菜原则"是上司和部下之间本就应该有的对话和沟通方式。结果上来说，"工作"的成功与否，相较于没有执行"菠菜原则"的组织状态，还是有关系的。

当经营者为让公司发展得更好而四处奔波，或为解决公司遇到的巨大挫折而东奔西走的时候，就不应该再去过分强调什么"菠菜原则"了，只能迎难而上尽全力解决当时面临的问题。这时候更需要的是一个上司和部下齐心协力，不畏任何险阻的团队。即使团队有失误，作为经营者也不能将"我压根儿就不知道这件事"时常挂在嘴边。应该在事后找机会仔细听取事件的说明，学会体恤和鼓励下属是非常重要的。

另外，探索新的公司运营方式也是一个重要的课题。根据新的运营方式去整合好组织，那么自然就能够让企业在实际的状态下健康地去运营。如果做到"具体信息我没有必要知道，大家各司其职干好就行"，那就可以称得上一名成熟干练的经营者了。

话虽然是这么说，却不是让你直接放手不管公司事务。

比起追求每一个细小的细节，抓住企业全体动向才是一个成熟的企业经营者应该做的事情。要做到这一点，可以从经营数字的变动和计数管理开始入手。

要做好这件事肯定不会像预想中的那么容易，相信不少经营者会说，"每个月的公司经营数据，我都在仔细确认啊"，但是仅仅做到这一点并不能真正掌握公司的运营情况。

要说为什么的话，因为每月的财务报表只是体现了一个月的结果，就算好好看了月报表，到手的数据其实已经是滞后的信息了，并不能代表公司当下的情况。所以，经营者在关注每月的财务数据之外，必须注意把握好企业"当下"的情况。

简单说就是在看过数据的前提下，通过向各部门负责人和干部提问"上个月的业绩达成了95%，这个月的经营状况怎么样？下个月有什么打算"来掌握企业现状，并将预想落实到数字，有一个整体印象是很有必要的。将这些数据整合起来，就能够知道公司的现状。比如各部门负责人汇报"上个月的目标虽然只达成了95%，这个月可以达到110%，下个月能达到120%"，经营者掌握了这些数字基础，才会最大限度地推动企业前进的脚步。在整体上理解公司现状之后，再逐个击破接下来有可能出现的问题。

基本上都是闻所未闻的事件

有乐观的人存在当然就会有谨慎的人存在。从平时的沟通接触中把握对方的性格特征，这样就可以根据"从来都喜欢加10%的水分"的人和"不到迫不得已绝不说数字"的人的特点来进行谈话。在谈话中自然也就能够迅速得知"真实"的数字。通过这样对每个人进行"测试"，就能够知道公司的实际情况和方向性，这是最省时省力的方法。

其实，我也是在欧力士集团发展壮大的过程中，越来越多地有"原来干了这些事情呀"而感到惊讶的情况。刚开始的时候也会有"根本就没听说过这件事"的情况，到后来"基本上都是没有听说过的项目"的这种心态让我着实轻松了不少。

再次强调一下，一个公司的经营者其实是非常孤独的。虽然会因为参加一些学习会、交流会和外面的人接触，就算如此也不能跟外部的人诉说自己公司的经营内情。对我来说虽然平时跟各种各样的人交流非常多，但是也没有就具体的商业案件进行商量的对象。说到底，公司经营方针最终还必须由经营者自己来决定。

即使大量的工作已有公司的高管或者干部来分担，但作为一个公司的经营者还是会有各种事情在等着你来亲自处理。所以，经营者必须学会判别待处理事项的重要度，以及了解清楚处理这件事需要多少时间。

但是，这也不是简简单单就能够学会的事情。就算是让我回想以前处理过的工作，我也有在事后才了解到，譬如项目到底花费了多少时间，投入了多少精力，判断是否正确等情况。也曾反省过"在这个项目浪费了不少时间""明明是很重要的项目，却没有好好把握住"之类的。说到底我就是一个普通人，也曾经在公司的非核心业务上花费过多时间和精力，浪费了不少的时间。之后回过头来想一想，当时能够放开手不去在意的话会更好一些。有些时候也会后悔，想着如果我在那个项目上再努力一下就好了。

经营者有时候也会不可避免地遇到迷茫和内心矛盾的时候。比如说，需要多注意干部们和公司职员前来商讨事情时的态度。

特别是在公司的干部或职员想要得到社长的许可或认可的时候需要特别小心，被问到"其实有一件这样的事情发生，您觉得如何解决会比较好"，一旦一个不小心回答了"听起来挺有意思的，试着做做看吧"，就会在公司内部被当成"社长命令"来执行。就算被问到"怎么办才好"，为了避免不谨慎而作出的判断，也要学会回答"怎么办才好呢，你怎么想？"不要当即直接回答，这一点很重要。

公司的干部和职员为了让自己想做的工作被顺利通过，既有传达"社长命令"的做法，也有反过来的情况。和经营者去商量解决方案固然是好事，但也有人高明地引导出"这个案子挺难的"，造成"社长心里也没底"来规避风险，试图将自己工作中遇到的困难，顺利转嫁到经营者的判断。这时候就算是态度不好一点也无所谓，一定要顶回去。

社长的业务肯定是一项繁忙的工作，作为领头人一定要掌好舵，要时刻观察企业组织和员工是否在全负荷正常运行，这才是社长的行动准则。

着眼点 1

从数字和对话中掌握公司
的具体情况

着眼点2 经营者要看准出场的时机

　　无论是什么样的企业，社长一个人不可能作出所有的决策。随着企业的成长，给予管理层权限，让他们来作出决策是一个自然走向。这也是与公司"规模"相关的话题。

　　另一方面，也要考虑"实际状况"。在公司拿到了大项目，或者面临严峻局面的时候，经营者必须要站在阵前进行指挥。这同公司规模没有关系。特别是中小企业，在奋力一搏时，需要的是社长发出"冲锋"的号令，带领着员工冲锋陷阵，这才是迈向成功的理想之路。

在面临重大局面时，重点在于经营者一定要向员工下达个别具体的指示。例如，在短时间内需要进行大额融资的情况下，首先要明确传达"无论如何都要筹集到资金"的指示，然后按照地区，明确分工责任人以及目标金额等，掌握其进展情况，连详细行动的方法都要进行直接的指示，起到引导的作用，直到达成目标。

根据规模及实际状况做决策这点非常重要。

经常可以看到这样的经营者，在公司成长的时候经常亲自出面进行业务商谈，但是一旦公司面临严峻状况的时候就不再出面，多数的对外交涉都交给部下进行，也就是说让部下站在风口浪尖上。这不正是本末倒置嘛。紧要关头，经营者必须要站在前面。站出来的时间点以及如何行动是决定着公司未来走向的关键。

回想我自己做社长的时候也多次出现过这样的情况。例如，在过去航运行业不景气时，我提出了"在确认会计上会有损失后，欧力士不会变卖持有的货轮，哪怕是利润很薄，也要收回对外租赁的货轮自己来进行运营"的基本方针，然后在大方针下给予具体细致的指示。

与此相反，20 世纪 90 年代泡沫经济破灭的时候，房地产的价格下降，虽然有"如果有资金的话，要不要抄底买下一些优良的地产项目"的想法，但是最终还是作出了一概不买的指示。相反的，也作出很多"把这个地产项目卖掉"的判断。我就是这样站在最前面，作出各种具体指示的。虽然这些决策并不一定完全的正确，但好比沧海之中站在船上的舵手，必须要做好公司这艘大船的掌舵人。越是危机时刻越要清楚作为经营者自己所作出判断和决策的重要性。

经营者是在困难的时候站出来指挥的人

也许只能这样表述，经营者是在困难的时候站出来指挥的人。可以说社长就是为此而存在的。

与此相反，如果是在市场景气、经营也很顺畅的情况下，即使是作出类似于"这个项目做做看"抑或是"找找看国外有没有什么有趣的项目"等这种抽象的指示，企业也能正常地运作。讲得极端一点，经营者只要掌握了重要事项，即使整天睡大觉也没有什么问题。即使看着像是在睡大觉，其实是在构思公司 3 年后或 5 年后的事业，这个工作也只能由经营者去做。经营者要经常思考行业和潮流发生怎样的变化，自己公司有哪些长处需要进行磨炼。针对这些问题率先作出决策的话，公司一定会有更加长足的进步。

前文谈到过在遇到危机的时候就不见踪影的经营者，出现这样的现象是有原因的。在业绩好的时候，会有各种各样的人追捧你。当经营者习惯于外界的追捧或称赞后，容易出现过于自信，不想让别人看到自己的缺点，动摇经营判断的情况。经营者要更加严格地审视自己，时常自问："喂，没问题吧？"即使是中小企业，人们在知道您是经营者之后也会对您表现出尊重。但是如果自我感觉"我就是很了不起"的话，那就很危险了。

正是因为如此，才应该冷静判断自己公司的规模以及现在的状况，看准自己出场的时机。

着眼点 2

越是困难的时候才越应该
出场

着眼点 3　基准点"是否比去年好"

　　经营者或是社长无论对自己如何自信，也无论公司的业务如何一帆风顺，都不要骄傲，要保持谦虚的态度。担心与恐惧才是应有的常态。也有很多经营者会思考"公司是否真的在发展，有没有一个可以自我评价的基准点（标准）"。

　　既简单又有效果的方法是，经营者每年都认真比较一下"和去年相比，公司是否在向好的方向发展"。"在向好的方向发展"并不单纯指营业额或者利益这类数字，而是要从公司的技术能力、改善效果、网络的扩张、员工的工作态度、社风等各方面来看。其中一个方法可以是在年初的时候决定一些需要优先提高的项目，公司全体齐心协力为达成这个目标而努力。或者，决定一些定性的问题或许也是可以的。例如，招聘到了更多的人才，同合作公司的关系得到了改善，得到了金融市场更多的信赖等等。

不要把对手变成"假想敌"

每年和上一年比较都在顺利地提升，这可以说是最理想的状态。但是，因为也有市场动向的问题，或者有努力了却没有达成目标的年份。在实际的企业经营中，每年稳步提升是一件很困难的事情。所以，我们可以把趋势线向上走作为我们的目标。

需要注意的是不要把竞争对手看作"假想敌"。我认为不应该把执着于"不输给那个公司""提高行业占有率""提高自家公司地位"等目标等同于成长。公司是否在提升与赢了竞争对手并不是一回事。经营者应该展望公司的未来，但是一直紧盯着竞争对手的话，就会与最初的目的背道而驰。

以我的经验来说，欧力士成立不久，同行业的租赁公司就如雨后春笋般成立起来。因为同我们做同样的业务，所以自己一开始也有"绝对不能输"的情绪。但是，以发展为目标，在开始了新的事业之后，又有了"和同行没有什么关系"的心态。即使在租赁业务方面输给了同行，但是可以认为"自己的公司在其他公司没有涉及的领域得到了成长"。将精力放在自己公司的具体事务上面时，就不会关心其他公司如何了。虽然这个过程是缓慢的，但是也会自然形成。如果有了"我有我的工作方法"的领悟，那么就是作为一个经营者的"进化"。

我认为，"如果把其他公司作为基准点进行比较的话，企业就无法成为一个有趣的公司"。虽然会在意，但是重点不是简单的谁胜谁负，而是自己的经营是否"在顺利地向好的方向发展"。

无论公司规模的大小，所谓企业活动，实际担负着"让社会来评价你是否在创新"的使命。自己公司的商品、服务是否对社会有贡献，是否被世人所接受，这些都是与经济社会的进步息息相关的。

比起在意其他公司，不如持续将"这个想法是否有趣""这个服务是否能够起到作用"等，这种可以为顾客提供便利的方面作为基准点来设定。

着眼点 3

用是否向着好的方向发展
来评价公司的发展

着眼点 4　注重宣传企业文化

我在前文提到过，欧力士自乾社长的时代起，就是一个非常具有家庭氛围的公司。公司内部举办各种聚会时，会请员工的配偶也一起参加，氛围非常和睦，让大家多见几次面，促进各家人之间的联系往来。甚至还有过像游园会那类的活动。

然而员工数量逐渐增多，即使是公司一直坚持举办的活动，若是叫上员工家属的话人数也会太多，因此运营起来相当困难。结果，就连活动也很难继续举办下去了。这不只是公司规模的问题。所属部门不同，互相不认识的员工增加的话，有一部分人心里会想"干吗要特地在休息日办活动啊"，参加活动的意识也会发生变化。

在过去，"喝酒交流"备受重视，但是现在却并非如此。我甚至会听到有人说邀请年轻员工去喝酒却被嫌太麻烦这样的事情。时代时时刻刻都在变化，人们的想法、脾气也会不断发生改变。

正处在发展阶段的中小企业的经营者应该也有这样的烦恼吧。他们一定会觉得，自己作为社长"绝对要保持公司内部的协调一致"。在员工很少的情况下，大家可以聚集在社长的家中，甚至能记住社长家里人的模样。但是一旦规模逐渐扩大，会变得很难让所有人汇聚一堂。或者说，年轻的员工我行我素，对与前辈或上司一起吃饭不感兴趣，于是公司里就会莫名产生一种毫无生机的氛围。而且近来，一个公司通常会有新人、派遣员工、兼职员工等各种类型的劳动者，想让公司全部职员都保有过去的那种氛围是很困难的。即使是中小企业，若是在海外设立分公司，公司里也会有外国员工，只采用日本式的接触方式的话将难以形成良好的交流。

尽管依靠过去的经验和做法来引领大家这条路已经走不通了，我们还是要创造出某种全新的人情味。也就是说，如果公司缺乏能让人感觉到情感的氛围，即使短时间内业绩不错，但是从长远来看，还是会对员工的安定和公司内部的团结产生影响。人情味儿的缺乏会在不知不觉中带来越来越大的负面影响。有一些公司会设计在员工生日时送花等制度，去试图保留家庭的氛围，这也是一种办法。

如果能在精神层面加强各级职员的凝聚力，职场的氛围将会产生巨大的变化。一个好的职场，能让大家齐心协力、众心合一，肯定也能收获很好的成果。从这样的观点来看，经营者在认真创建一个好公司的同时，也必须要努力与员工共享自己的理念。怎样做呢？一个办法就是经营者精选企业价值、企业历史、经营理念等内容，并创造适宜的场合传递给公司当前的员工和后人。并且不要在一开始就将对象设定得太广，首先要选择自己身边的公司员工和新人这样的核心的特定对象。在选择重要的内容的同时，切勿太过贪心，要小规模并尽可能深入地进行宣传。这样才能培养出肩负企业文化的员工。

在多样化的企业里也要令人信服

为了加深人情味儿，宣传中涵盖自己公司的特点或是这个企业的优点还是非常重要的。创业精神、社长的想法这样的尤为独特的内容反而会令人印象深刻。即使人数有限，也不知道能传达多少，但总而言之还是试试看吧。像这样的经营者的心情也许会传达给员工，最终带来让公司氛围不再枯燥无味的效果。在欧力士，现在的领导层似乎也开始采用独特的解决方式了，因此，我想将其作为一个事例来进行介绍。

在欧力士的美国分公司中参与金融相关事业的管理层和员工，都是在与日本的企业文化截然不同的职场环境下成长起来的。有很多人来自美国的金融界，俗称华尔街，他们都为了追求成功而在严酷的世界中激烈地相互竞争。进入欧力士之后，报酬也与日本的标准完全不同，因人而异，有些员工的收入甚至是日本同龄人的好几倍。当然，因为有那么多的成功案例，所以在那里是彻底实行成果主义的。他们真的可以说是在金钱的世界里生存着。对于这样的美国的员工，欧力士却反而在努力坚持向他们传达欧力士的公司氛围和文化。

虽说是美国分公司，但是它仍是集团中的一家公司，我们想要共享整体理念的想法非常强烈，并认为仅仅遵从华尔街的道理是无法在美国开展有欧力士特色的事业的。虽然还是一些实验性的推动工作，但是我们的想法似乎也在一点点地渗透下去。

我们也在设计一些能更好地向美国籍员工传达的机制。首先，我们委托当地人才相关的咨询公司，请该公司的美国人咨询师来到日本欧力士总公司。请他学习欧力士的公司氛围和精神之后回到美国，再向当地的欧力士员工进行讲解。我们并不仅仅是要宣传"情感与浪花曲"。如果能传达出员工们齐心协力，创造价值的挑战精神的话，反倒是成功了吧。我认为，欧力士在历史上也一直积极开创新事业，灌输寻找新的动向和商机的意识正是欧力士着眼的重点。

如果有真的想要传达的事务的话，脑海里是会浮现出各种各样的做法的。我希望中小企业的经营者们也能为了宣扬企业文化，在公司内部共享创业精神、信念以及将来的展望。

着眼点 4

在公司内部创造人情味儿

第三章

初创企业经营不败的 4 项铁律

这一部分内容结合了我在早期创办欧力士的切身体验，总结出了中小企业以及初创企业的成功铁律。1963年，公司派我到美国的大型租赁公司进行为期三个月的研修，学习租赁基本要领和相关经验。回国后作为日绵实业（现双日株式会社）的外派员工参与到 ORIENT LEASING（现欧力士）的创立。当时员工人数只有13人，也就是现在所说的企业规模小、开辟新事业的初创企业。

回想过去，那时我所经历的一切都体现了"人是企业的根本"。人的行为和调配左右着一个组织的成败，这到现在也是不变的真理。接下来我详细介绍一下这方面内容。

铁律1　用心学习工作和人际关系

　　走进书店，你会看到很多像"组织论""战略论"，或者是"市场论"这类经营管理方面的图书。当然这些要素和项目也是很重要的，但除此之外有我们决不能忘记的东西存在，也就是让企业运转起来的是人本身这件事。

　　也就是说经营的本质其实是人和人的羁绊。简单来说，实际上怎样鼓动人心其实才是最困难的。人只要能正确地工作，会发挥出比100%更大的力量。但相反的，也有可能发挥负100%的力量。这样的偏差值是很大的。

不管是日常的工作还是做很大的项目，如果能够很好地将顺人与人的关系，就能让全员的实力倍增，从而提高成功概率。我能有这样铭刻于心的想法应该是深受年轻时所遇到的两位经营者的影响。并且，我自身在成为企业经营者后也在努力把所学到的东西运用于实践。这两位经营者就是教会了我租赁基础知识的美国租赁公司副董事长 Henry · B · Schoenfeld 先生和过去常年担任欧力士社长职位的乾恒雄先生。

员工都是出色的社会成员

说到人的重要性，虽有赘述，乾先生的话语我至今还铭记于心。"我们企业的每一名员工都是出色的社会成员，每个人都有所觉悟地工作着。在这样一个大前提下，我们的企业才能得以经营下去，因为企业和大家是紧密相连的。"

从 1964 年欧力士创立之初开始，乾先生就反复说着这句话。当时乾先生 50 多岁，而我才 30 来岁，我们相差了 25 岁。就算现在再回想起来，我也认为这确实是凸显经营本质的一句名言。

所以欧力士就算成长起来，也会非常重视以人为本的企业氛围。从不会认为"工作就是把人聚集起来，冷淡的关系也好，熟络的关系也好，结果都是一样的"。

乾先生在三和银行（当时的名称）从事国际业务，又担任该银行董事兼纽约分行行长，之后被任命创建欧力士。虽然他出生于明治时代但同时也有着崭新的思考方式。

作为经营者大家都想要更快的谋求成果，或者是坚持自身的想法，或是让企业组织更加高效。有些情况下确实需要如此。

但是，就算如此，企业以人为本的原则是不能被打破的。但如果以人为本来考虑事情，很多时候也会出现让营运效率低下的情况。完全被人际关系带着跑也会导致整体性失衡。

但是，就算效率会变得稍许低下，"让每个员工自己思考"也是很重要的。上司下达命令，部下照之行动。虽说这会让效率提高，工作敏捷，但不会让员工的创造能力和提案能力得到提高。这也是我从乾先生那里学到的。

乾先生是不会迅速给出答复的人。比如说如果出现了某个问题，身为乾社长助手的我会这样跟乾先生进行说明："问题的详细情况是这样的。对应此情况我想出了 A 方案、B 方案、C 方案三个解决办法。A 方案的好处是什么，坏处是什么；B方案的好处是什么，坏处是什么……"然后在此之上我会说："我认为C方案是最好的解决方案，您认为如何？"这个提案一般是在向乾先生汇报之前和其他同僚一起讨论总结出来的。

这样，乾先生什么都不会说，只是默默地听着。之后也不会马上给出答复，只说"明白了，请给我一晚考虑一下"。当然对于我来说能够考虑便是安心了。

而到次日早晨，他就会这样下判断："昨天的案子，就按照你说的C方案去执行吧。"这样我也能安心地按照C方案实行下去。

实际上，对于我所提出的方案，一次都没有得到过"虽然你说C方案很好，但我认为A方案更好"这样有其他意见的回答。我的方案全部被采用了。果然乾先生是一位非常善于倾听的领导者，始终贯彻着让员工学会自我思考的管理模式，让我深感佩服。

不过在多年后，从我就任社长职位之后再和乾先生进行讨论时，终于得到了"辛苦了，要鼓足干劲实行下去"这样的"快速答复"。现在回想起来，就算是知道了结论，但还是频繁地跟乾先生进行讨论和报告，应该是因为我很享受和乾先生对话。

如果说"人是企业的根本"是从乾先生那里学到的，

那么"经营随数字"这种思考方式就是从 Schoenfeld 先生那里学到的。当然，他也是一位极具人格魅力的人。

他是美国租赁公司的创始者之一，当时担任要职，是公司的副董事长。接近 50 岁的他和我之间也有将近 20 岁的年龄差。他对于我来说是"遥不可及"的存在，在很多方面都对我照顾有加。

我进入贸易公司日棉实业（当时名称）后不久就被派遣到美国进行学习。当时我去美国租赁公司研修，为了学习到租赁的知识可以说经历了"恶战苦斗"。

面对当时什么都不懂的我，想必美国租赁公司负责指导我的人也吓了一跳。当时的我只想着一定要学好租赁知识才能回去，当然也要把学到的东西都理解透彻。对于我来说这就是工作，如果有不理解的地方我会马上询问学习。

当时美国租赁公司已经成立数年，已成了纽约证券交易所上市的优良企业。这样的成长速度就算是在美国也是鹤立鸡群的。但即便如此，该公司还是保留下了家庭般的企业氛围，Schoenfeld 先生时不时就会跟我搭话："喂，有在鼓足干劲加油吗？"他总是这样激励我。

Schoenfeld 先生平易近人。他在妻子去世后，一直一个人生活，经常邀请我一起喝酒。不知不觉中他就把我当成了徒弟。从美国商务习惯、租赁知识到高尔夫、葡萄酒，他什么都教我。我对他充满感激。

延续至今的"全员营销"精神

在我回国之后，Schoenfeld 先生也会时不时到欧力士公司访问，关注欧力士的进步和成长。

这是欧力士刚成立不久 Schoenfeld 先生访问日本时发生的事。在我向他介绍"这里是总务部门，这里是营业部门，这里是审查部门……"的时候，他生气地说："这是在开什么玩笑。明明还没有作为一个公司真正独立起来，部门组织什么的一个都不需要，全员应该都是销售。"确实，如果没有生意公司就会倒闭。这种时候总务和审查都是不需要的。Schoenfeld 先生斥责着我们："全员都到外面去做业务，办公桌也都不需要。"在这之后，全员营销的精神在欧力士一直都在延续。

不管怎么说，Schoenfeld 先生说到了问题的本质。创业初期，他给乾先生和我提供了很多坦率的建议。当时我们的总公司在大阪，他连东京的分公司都去过。在感受他的人格魅力的同时，我也学到了租赁、经营以及公司治理等多方面的知识。

1970 年，欧力士在大阪证券交易所第二部上市时，我也得到了他的指点。

围绕着上市公开募集价格，主要负责的证券公司认为上市之后股票价格会上涨，所以倾向于把公募价格在上市前压低。对此有所耳闻的 Schoenfeld 先生非常反对，他说："这群家伙都在想些什么，不能这样做。"他认为应该要保障现有股东有所回报，上市股价要尽可能在合理范围内偏高才是正确的。为了使上市后的交易股价上涨而故意压低现有股票价格侵害现有股东的权益，这种做法不可取。之后我记得结果是我们和证券公司进行了再次交涉。这样，我对于财务、资本政策也有了关心态度。

当然就算是来到了日本，到了夜晚，Schoenfeld 先生也会经常邀请我一起去喝一杯。他只喝伏特加，但当时就算是银座的酒吧也没有一瓶伏特加，所以和他一起喝酒时他总是自己提上装着伏特加的袋子，这成了我一个很好的回忆。

乾先生是在 1998 年 88 岁时去世的，而 Schoenfeld 先生在 20 世纪 70 年代 60 岁时就遗憾离世了。我对这两位最深的印象是他们对我耐心的教导。希望经营者们都能找到自己的指导者，并在成长之后自己也能成为别人的指导者。这样就能让重视人才的企业文化落地生根。

我认为人和人联系在一起的基础是对话。但是最近随着网络社会的急速拓展，人与人之间的对话机会被夺走了。经由网络进行交流会成为主流，便利且多样化的交流也应运而生。虽然利大于弊，但事情还是得分轻重考虑。人和人之间非常重要的对话是无法完全通过网络实现的，这个不用去尝试也是肯定的。希望大家能在内心深处认真思考，如果没有促膝相谈便无法孕育真正的人际关系这件事。

铁律 1

经营的本质是人与人之间
的联系

铁律2 济河焚舟勇敢前行

在刚刚成立欧力士的时候，我们当然没有想到会变成像今天这样的大企业，说到底，那时候我们每天想尽办法所做的都是如何让租赁业务在日本开展起来。

能够确信的是，为促成这份事业的成功，我们每天都在积极地开展本职工作。本来我是被商社派遣到美国去学习租赁业务相关知识的，结果就这样来到了欧力士，当初公司只有13个人，并且其他人基本上都是我的前辈。我把我在美国学到的东西给前辈们一一说明，但是前辈们却从做生意的角度来和我探讨"你说的东西我们都明白，但是这种商业模式能够在日本行得通吗"。大家不断把对问题的讨论引向更现实更具体，这份事业把大家的智慧凝聚在了一起。

就算是这样我当时也想尽全力把自己学到的东西正确地传递给他们，不过被说到"乾先生所解释的租赁业有点和你说的不一样啊"。现在想起来，如果我当时能尝试使用其他说明方式进行介绍的话，或许大家能更好地进行理解，那时自己还是太年轻，缺乏经验。

于是就这样，我开始更加热心于租赁业务。我本来是想在成为派驻海外的职员之前，作为第一步先去美国租赁公司学习三个月，然后再回到新的公司再用三个月的时间传授给其他职员。这是我一开始的设想，但是结果却不是那么简单的事情。

新公司刚成立的时候，随时随地办公桌前都摆满了工作，为了各种各样的事情东奔西走，转眼间日子就过去了。过了两年，我心里想着"不能就这么走了，一定要把这份事业做成功"，心里默默地立下了誓言。

但是，没法接受的是，我当时又被"老东家"日棉实业多次催促"快点回来"。虽然长时间以来我一直回答"那么多工作我不会放下的，稍微等我一下"，但其实当时自己内心已经决定不回去了，我会留下来在欧力士继续工作。当然，日棉实业是我最初入职的公司，还是有感情的，后来也一直和日棉实业的职员保持着各种各样的交流。

就算是这样，当时作为乾先生的左右臂，也许我的想法比较简单，只是想同乾先生一起，两个人同舟共济共同经营好这家公司。不管是募集资金，还是招聘人才，或者是采购设备，也并不是仅仅把经营的平衡掌握好，而是在循序渐进地一点点构筑这家公司。虽然有时候能够接到很大的一单生意，但是由于公司的规模还太小，不能迅速地获得相关批准。那时候和银行进行了很多磋商，向他们仔细说明了自己接下的订单，顺利地获得了融资。当时就是这样开展工作的。

奋勇前行中孕育优良的企业文化

不管怎么说，当时就是认准了一个目标，不顾一切地努力工作。因为工作是有趣的，大家都是拼了命地忙着去完成自己的任务。现在回想起来，能够孕育这样良好的企业文化，很大程度上都是乾先生的功劳。

在欧力士刚成立时，大多数的员工都是其他公司外派来的，是留下来还是回到以前的公司，乾先生悉心听取每个人的想法，就这样进行着公司的组织建设。几乎有一半的人直接转职到欧力士，其余的人回到了之前的商社或者银行。

还因为公司需要成长，也招聘了许多中途转职来的人才。因为租赁业务当时还比较少见，有许多人都前来应聘。当时一心想要找到优秀人才，有很长一段时间每个周末都在进行面试。我还记得伴随公司的事业不断扩大，后来逐渐拟定了"会英语当然更好""有些金融知识会更好"这类招聘条件。

现在想起来，当时欧力士还是一个中小型企业，公司处于快速发展阶段。这样的话时常会觉得求贤若渴，"要是有这类人才的话，一定能够接下那个项目，真是让人感到遗憾"，一直是这样的心境。

公司不仅从外面招人，也积极督促公司内部员工不断加强学习、保持成长。这样做了一定时间后，应届毕业生和社会招聘来的员工之间的人为壁垒渐渐消失了，公司为没有经验的应届毕业生创造了一种能在不断学习中成长的职场环境。总体来说，没有什么比人才更让人觉得珍贵，公司爱才好士的企业文化也孕育而生。

铁律 2

破釜沉舟直至成功

铁律3　逆境出真知

　　虽然我们在推进租赁业务上倾注了许多的热情，不管怎么说这在当时的日本都是一个全新的业务，经常碰壁是理所当然的。不过不可思议的是，不管困难再怎么大，我们都能好好地面对并且寻找解决方案，顺其自然地也就获得了成功。如果遇到了困难就靠别人，或者说遇到了困难就找借口逃避，这样是看不到未来的。我们在创业之初就切实感受到了诚实进取的工作态度有多么重要。

　　作为其中的一个例子，在如何写租赁合同这点上我们就吃了不少苦头。虽然直接从美国把合同样本带了过来，但是也只是把美国的合同翻译成日语在用而已。于是参考了在法律体系上与日本特别相似的德国的租赁合同，用这样的形式与律师进行了协商。在学习了德国的租赁合同之后，总算是解决了这个难题。

幸运的是，当时租赁的市场需求超乎我们的想象。随着日本企业的成长，越来越多的企业表示"需要租赁更多的新机器或者新设备"，接到的订单也越来越多，所以当时我们在营销上并没有太多的辛劳。

当时用公司的自有资金已无法满足越来越旺盛的客户要求。那时公司的注册资金仅有一亿日元，用这些资金去调度租赁设备的需求已感到心有余而力不足。

于是想到了让作为欧力士股东的日棉实业等商社为筹措资金做担保。当时股东们也表示"限于租赁业务刚刚起步，资金紧张也是不可避免的事情"，所以作为股东一开始也给予了一定的支持，但是，随着需求资金的额度逐渐增加，当然也就不可能一直拜托股东继续给我们做担保。

因此，又开始绞尽脑汁寻找新的方法。欧美的租赁公司，通常会把租赁合同当作担保使用，再从资本市场或金融机关募集资金。但当时日本的金融机构却不怎么认同这种做法。正当我们一筹莫展的时候，当时的日本兴业银行

（现瑞穗银行的前身之一）学习并深入了解了许多美国租赁业务的知识，最终回答"同意你们把租赁合同作为担保进行融资"，开创了日本国内银行的先河。日本兴业银行起了表率作用，给金融界带来的影响非常大，慢慢的其他银行也相继"追随模仿"，愿意为我们担保融资的金融机构也越来越多。

　　欧力士股东之一的日商岩井（当时）的机械部门，把一家大型钢铁厂的发电装置的机械租赁业务介绍给了我们，那是一笔高达数亿日元的特大订单。当时我们跟银行洋洋得意地说"我们拿到某大型钢铁厂的大订单了"，但却被银行责备说"你们在想什么呢"。原来，当时日本企业的集团序列文化根深蒂固，那家大型钢铁厂的主办银行是第一劝业银行（现瑞穗银行前身之一），日棉商社和欧力士的主办银行是三和银行（现三菱UFJ银行），属于另外一个集团序列。因为欧力士是同三和银行保持融资合作关系的，于是遇到了"主办银行以外的银行怎么会参与不是自己序列的公司业务呢"这样的问题。于是我们向主办银行认真详细地阐述了这次合作也是租赁公司成长的重要一环之后，他们顺利地给我们进行了融资。这中间的过程肯定是万分艰辛的，但是不断地相互出谋划策，脚踏实地地执行，肯定会带来好的结果。

一心一意很重要

另一方面，即便知道自己能获得资金，有些地方也得讲究。比如说，为了顺利地从银行获得融资，可以从客户那里获得商业票据，再用票据贴现，从前就有这样的商业票据融资方式了。

实际上当时竞争对手的公司就实行了这样的方法。银行告诉他们："如果你们能把票据带过来，我们可以把票据贴现然后借钱给你们。"欧力士公司内部也有许多人说："其他的公司都这么做了，为何我们不试试看呢。"

但是，我告诉他们，"如果这么做的话，租赁的生意就会从根基上垮掉"，我主张坚持把租赁合同作为唯一的资产。不想超出正统的租赁合同的范围去筹措资金。现在想起来没有被传统的贴现这种募集资金方法影响真是太好了。"什么才是租赁业的商业模式"，欧力士因为彻底贯彻了这样的信条，才没有染指传统的融资方法。欧力士能够坚定地走自己的道路是一件很了不起的事情。

铁律 3

贯彻自己的原则，智慧自
会显现

铁律4　比起组织，人更重要

　　1970 年，34 岁的我成为欧力士董事，之后，在 1980 年成为欧力士的社长。关于具体的营业方针，基本就是贯彻了前一任社长乾先生的做法。我们俩基本是从一开始就在一起工作，所以就算成了公司领导人也没什么需要特别去改变的。

　　反之，现在公司的经营理念已经成型，剩下的只需要去实施就好。说得具体一些，基本就是"将工作交付与人""确认数字""不乱改变团队""挑战一些新事物"这几个要点。

　　乾先生非常信任自己公司的员工，一路贯彻将工作分发下去的经营方针。我也从来不觉得全由我自己一个人管理是件好事，也知道领导人不可能把握好事物的方方面面。比起万事亲力亲为，管理者应该通过关键的两点来管理企业，一是"这件事交给谁来做最合适"这类合理的人事配备，二是有效掌握关系工作成败的销售额、利润等具体业绩数字。

都是由小事堆积而成

　　"交给你了"这句话听起来感觉很大气，实际上事情都是由一点点的小事组成的。就算是再"能干"的公司职员，根据项目或者状况的不同，有满分完成的情况，当然也有 80 分完成的情况。根据案件的具体情况，要求部下勤于报告工作进程，或者让某个人去协助完成这项工作的后续支援也是不可或缺的。交付工作时对于扩大所交给工作的范围，或者特别指定在某一范围内工作的指示也是非常必要的。

　　因为时常需要根据人员和工作性质来判断情况，所以我对轻易改变团队人员并没有太大兴趣。刚就任的社长大都会大胆地去改革公司已有的部门结构，或者推进改革经营方向。而就我来说，"对于企业经营而言，人比组织更重要"的想法从未改变过。基本上来说一个企业要生存下去，就要想尽一切办法令消费者或买家接受自己公司的商品和服务。而要做到这一点恰恰就是人的工作方法。近年来法务部和审查部为了彻底实施合规管理，团队之间开始穿插协作，让经营变得更加复杂化。但是这样的穿插协作并不会一直阻碍团队的发展路线，这一做法能够加快推进团队发展脚步。

虽然说"越是发展不顺利的公司或团队，组织或人事变动就越大"这种说法稍微有点言过其实，但是想要通过组织变动让公司得到立竿见影的改变效果，几乎是不可能的。因为调动的都是差不多的人才，当然了我得出这个心得体会，也差不多花了10年左右的时间。

与其改变公司的结构，不如培养可以让职员们随时创新和尝试新鲜事物的环境和土壤，才是更加重要的事情。

世界的发展情况是怎么样的，顾客的实际需求是怎么样的，结合这些实际情况去思考欧力士有没有什么可以做的事情，通过这样的思考自然就会诞生新的业务机会或者新主意。不然公司将无法前进壮大。要形成一直挑战新鲜事物的公司理念或者环境，肯定需要花费一些时间。有时候回头看一看，每当日常工作进展顺利，没什么新的变化的时候。很多社员都会开始有"一直都这样停滞不前有点不妙啊，得想想新的事儿去做"的想法。形成每当有一些崭新的点子出现时，周围人也受到感染作出反应的环境。

当然了，工作中也不是只有好事，工作进行下去的过程中也不得不面对，去解决一些消极的场面。如果不及时解决这些不好的事情，后期可能会变得无法收场。为了应对这些情况，我觉得在问题发生之前准备多个应对措施是非常重要的。不能随便说"只能这样解决了"，提出多个解决方案，分别将这些方案的长处和短处作分析说明，还有好好解释为什么在这种情况下使用这个方案会比较好，让周围人在听完解释之后能够心服口服地说出"原来是这样"。

在这个过程中我也在锻炼自己，我和曾经的社长乾先生对话的时候，几乎都是提出能够彻底解决事件的方案。如果是大的问题，我甚至会花上一个月左右的时间去准备方案；面对小问题的时候，会花上一整天去思考解决方案，要有一些张弛的变化。不论是积极的提案，还是消极的解决方案，都能好好地总结出来才是彻底解决问题的重要组成部分。

"因为我们是中小企业"这种借口要不得

很多中小企业的经营者可能会认为，"因为你们是大企业，所以才有随时尝试新东西的底气"。但是在我这个看着欧力士发展壮大的过来人眼中，大企业也好，中小企业也好，根基上的东西是不会发生改变的。跟企业规模没有关系，不管是什么样的企业，都会面临社内调整等不得不使用的内部能源消耗，但是如果只做这一点的话是不会产生新的附加价值的。所以经营者们不得不将重心调整对外，拼命工作。

虽然在企业的经营过程中，我们总会在不经意间拿大企业和中小企业做比较。关键点应该放在公司内部的能源消耗是向着哪一个方向消耗的。竞争力的差距在这里就能见到分晓。

大企业在面临成本管控或人员削减的情况下，也没有那么多剩余的精力去尝试新鲜的事物吧。

不管是什么样的企业都会面临各种各样的挑战和规则限制，在我担任董事的时候，欧力士还是一家小公司，虽然那时候的公司已经从当时的日棉公司正式转到欧力士，但也收到过当时的母公司"将我们公司出来的职员任命为欧力士的高管是个什么情况"的"意见"。

在我就任欧力士社长之后难度等级又更上了一层楼，乾先生花了3年左右的时间说服和欧力士一直打交道的银行和周围的合作伙伴，当时是一个如果没有主办银行的首肯，很难将事业进行下去的年代。当时应该也曾被银行说到过"没有必要任命一个那么年轻的人做社长吧"。

在担任社长之后的第6个月左右，我生病住进医院，又花了半年多的时间身体也没有完全康复，从那以后我深切地体会到了健康的重要性，之后开始注重健康管理。企业经营者拥有健康的体魄这点，不管是对于大公司还是小公司都是至关重要的。

公司的经营者不但要有一个健康的身体，心理健康也是非常重要的一环。特别是在公司遇到困难的时候着急上火，都会被外面的人看在眼里。企业的经营者如果心理不够健康或者不够强大，发生不好的情况时对于公司的经营来说肯定没有什么好处。多做几次深呼吸，看看天空平静一下情绪，平静下来恢复到以往的状态。做不到这一点你的部下也不敢安心跟着你干活，对公司来说完全是百害无一益。

铁律 4

与其改变组织结构，不如
考虑怎样营造轻松的工作
环境

第四章

关于接班人问题的三大信条

对于中小企业而言，选择企业的接班人可以说是一件非常重要的事情。尽管企业的业绩在不断增长，当面临企业经营者年事已高等情况时，如果在"谁来接班"这件事情上决策失误的话，那么企业在这种剧变下会陷入经营困难。从我长期以来的经营经验来看，见过很多这样的事例。

　　尽管我认为"想让儿子（或女儿）继承事业"这种想法是很正常的，但是能不能说这就是正确答案呢？该怎么做才好呢？在接下来的部分我将为大家阐述自己的信条。"说归说，除了子女以外谁才是更合适的候选人呢"，我们暂且把这个疑问搁置一边，先看看下文吧。

信条1　避免让子女接班

　　一般中小企业都是由创业者经过多年的努力不断扩大规模经营至今的，企业主获得了大家的信任，年纪大了之后，就要开始考虑下一任继承人的问题。

　　也有些经营者是在年轻的时候就作好以后要让孩子继承家业的打算，开展自己的事业。这类企业主最后没能让子女好好继承家业，考虑关掉企业的人也不在少数。如果关掉公司的话，多年来为培养企业组织或者团队而付出的努力就白费了，这非常可惜。为了不让事情变成那样，就必须细致并认真的考虑接班人问题。

现实当中很多经营者会考虑让自己的儿子或女儿今后继承家业。这一点我也不能否认，毕竟这是作为父母极其自然的一种想法。因此，我想应该先以"不让子女继承"这个大前提来考虑这个问题，理由如下。

孩子有他自己的人生

首先您的孩子是否有继承的意愿呢？虽说是自己的孩子，但是人生是他自己的。他也有自己对将来的期望或人生规划，也能感知到自己是否适合继承。强行让他加入自己的公司，如果他无法融入周围的环境就会造成无法挽回的局面。如果孩子不能好好经营公司，最终父母和孩子甚至整个家族都会陷入不幸。所以首先问问孩子的意愿吧。

"看过父母经营公司，我来继承也行"这样想的二代也很多。或者有些二代一直很懂事，认为以后自己就是要继承家业的，这样的例子也不少。那么问题就是，他们究竟有没有经营企业的能力呢？

尤其是白手起家的企业主，他们让自己的孩子继承事业本就不是难事。新社长是否有带领公司继续发展的能力暂且不说，我所听说的继承了家业的新社长，虽然没有造成什么大问题，但只是在继续维持着父亲或母亲打下的那片家业而已，大部分都是这样的模式。这样就变成了守着过去的家底过日子，没有新发展。也就是一种单纯维持的状态。没有开展新事业的能力就意味着经营不过是在维持现状。但这样真的能维持下去吗？技术在进步，社会在变化，企业的存在方式也在发生改变，光靠维持就能应对这些吗？事实上经营好一个企业是非常艰难的，只会墨守成规，很容易导致企业的规模缩小。

当然了，第二代继承人的积极性总是很高的。让公司向更好方向发展的例子也不是没有，符合继承条件，并且能力和实力都超群的第二代也是存在的。

但是我们还是要重申一次，从现实角度来说第二代继承人超越第一代创始人的情况几乎可以说是凤毛麟角。身为企业主，父母希望自己的子女更加优秀，甚至超过自己成为新的领头羊。虽然不是不能理解父母们的这种心情，但这是有失客观的判断。如同"朋友的公司让子女继承以后没出什么大乱子，我的公司应该也没有问题"的思维方式是一样的。

就算经营者本身并不执着于让子女来继承自己的事业，其配偶及亲属们却非常执着的例子也很多。当相关人员的利益不一致，最后衍变成围绕经营权的"家族战争"，这类情况相信各位也时常听到。不管怎么说，"想让他来继承"这种先入为主的观念是否合理，也变得不再好说。

已经说了很多次，在我知道的范围内，由家族内的成员继承公司后失败的例子非常之多。就算没失败，第二代继承人只是老老实实守着父母给自己留下的事业的情况也非常之多。"让孩子继承企业，然后带领公司发扬壮大"这类情况真的非常少，我在本书其他章节中虽然也强调过"公司内的人情很重要"，但这个和继承是两回事。不能因为亲情就随便决定一个企业的继承人，现在也有拿日本历史中德川幕府延续了15代来说事的人，但是现在和当时的时代背景并不相同，没办法套用在自己的公司上。

"那么究竟应该让谁来继承公司呢？"关于这件事应该明白一个大前提：维持企业并不等于保持现状。时代在变化，技术在进步，网络从外部发生改变，组织在老化。一成不变做相同的事情只会走向腐朽，只会让企业不断萎缩。因此想要维持现状，企业必须挑战新事物，至少要具备能够将萎缩的部分重新修复的能力，这是决定一个优秀的继承人的最初也是最基本的条件。

在这里我认为有两个选项可供选择。

第一个是在最初的创业团队中选择一个可以信赖的人，

将公司交付给他。如果存在"没有这个人的话，公司不可能达到现在的规模"这种经营干部的话，那就真的再好不过了。

另一个选项是从外部招进一个有能力的人，把公司托付给他。当然不是要你一开始就将社长的位子让出来，首先从经营干部开始培养，让他有一个和大家一起工作相处的过程。在本书其他章节也介绍过了，大企业出身的员工和退职者大都有非常丰富的工作经验，将这样的人才看作候补人选去培养不失为一个好方法。当然了，这样的人才也不是菜市场的白菜到处都有，需要花费大量的时间和精力去寻找，交接的时间和节点都很重要，我会在之后的部分做介绍。

那么，应该怎样挑选呢？我们用大企业出身的员工作例子，大企业中的OB和OG①非常多，人才情况非常丰富。首先，必须排除那些所谓挂"勋章"的人，吹嘘"我曾经是大企业的干部"的人并不是合适的人选。重要的是喜欢这份工作的人，有很多仍然还喜欢着工作并且"还没有燃尽"想要接着继续工作的人，也有很多曾经外派国外或者作为集团内部关联公司的社长工作过的人，这样的人势必

---

① 译者注：OB和OG分别为old boy和old girl的略称，指曾经在某组织工作过或退休的人员。

会为公司吹来新风。

来自大企业的人也会因为经验的不同，类型上有些微妙的区别，曾经有过从母公司派到子公司做社长经历的人，是非常好的多面手，能做到纵观全局总结多样观点。另外，长期担任技术部门工作的人在产品开发等项目上能有杰出贡献。而长期外派国外的人擅长于利用独有的人脉开拓新的生意。在交接社长权限的时候，想一想将来公司最想要发展的是哪一个方面，将继承人人选定格在自己没有的能力或者有独特魅力的人身上也许会更好一些。

能力值当然是加分，重要的是化学反应，简单来说就是是否"气味相投"。不管个人的能力怎么突出，都不能将公司交付给一个和公司"气味不和"的人，为了分清这一点也是需要准备期的。理想上让候选人先做公司的二把手或三把手，让其理解公司文化和人员结构方面的事情。然后以此为基础观察后，将经营交接给他，这样他本人也能更加有序地去适应并开展工作。

早下手为强

接班人的问题非常重要，必须从一早开始决定方案。

选择人才的基本原则是：比自己更加优秀的人、有自己所欠缺的好品质的人，或者拥有非常丰富经验的人，总的来说就是找一个各方面都比自己优秀的人来继承公司。就算是失误了，也不能选择一个只会在自己的"手心"上跳舞的立场不坚定的人来管理公司。更不能等到 60 岁了，身体各项机能都在减弱的时候再来决定继承人，那时候基本是心有余而力不足。公司内一旦出现了适合的接班人选一定要抛出橄榄枝，如果自己公司里没有这样的人那么一定要时常关注外部的人选。

打个比方，公司经营者已经到了 60 岁，如果这个时候才开始培养接班人，如果并不是合适的人选还需要重新花时间挑选新的，这样就太迟了。如果是从外面招聘来的人，尽量早一些，多获取曾经在大企业作为干部有过工作经验的 OB 和 OG 们的信息。就算是非常健康的人，也不能完全避免不测，也有突然不得不让别人来顶替自己的位子的情况发生。不要一直都想着"我还能工作"，要将选择继承人这件事时刻放在自己的脑子里。

信条 1

一定要选择能带领企业更好发展的继承人

信条 2　会计和财务才是企业的命根

如果说确立经营方针和如何培养人才是经营者的任务，那么如何分配使用企业的资金，如何投资，这些就是会计和财务所承担的工作了。用现在的话来讲就是 CFO（首席财务官）。对于今后的企业经营，就算是中小企业，为了能够继续成长，CFO 的工作以及作用也是十分重要的。经营者如果自己在财务方面很强的话倒是没有什么问题，但是经营者自身这方面的知识不怎么充裕的时候，一定不能忘记好好地培养自己的 CFO。当然，身为经营者也应该好好学习财务相关知识，也需要培养经营继任者拥有 CFO 的相关素养。

即便是低利率也会有资金"危机"

看销售额和经费不只是会计的工作，如果不从财务的投资收益性和资本增强的角度来看这些东西，就很难在激烈的竞争中笑到最后。虽然现在利率长期处于低位，大家没怎么认识到募集资金的重要性。但是 2008 年金融危机时，"融资难""信用危机"这些问题突然就出现了。有效应对经济不景气时发生的各种状况，这正是 CFO 所应肩负的责任。只有在实际业务中不断积累经验，才能拥有专业的见识和眼光。

我自己虽然在大学里学的是商学部，并且后来又读了MBA，当时的我却没能真正体会到数字的重要性。但在我进入公司开始工作并切身经历很多实际业务后，开始认识到数字非常重要。

最初遭遇的危机，是在公司成立 10 周年之际，1974年的石油危机给日本经济带来了从未有过的混乱。利息突然高涨，加上贷款受限，在财务上给了原本一帆风顺的我们当头一棒。业务所需资金日渐不足，公司的骨干基本上都为了筹集资金而东奔西走，当时甚至觉得公司已经快走到无计可施的境地了。还好最后我们在没有借高利贷的情况下顺利渡过了难关。通过这次危机，我们终于在见识了市场的可怕之处之后，明白了资金的重要性。

财务管理之所以难，不仅在于危机发生时要这样进行防守，还在于要主动出击，持续进行投资，二者的财务操作完全不同。在进攻的时候不能过于谨慎，也不能在防守的时候轻易使用资金，不然可能会让公司陷入经营危机。所以说不论处于何种状况，都是在考验你运用资金的能力和"感觉"。

在过去，日本的一些经营者大多是从有业务往来的银行里招聘来一些人才来管理公司的资金或者跟银行打交道，但是现在这样是不够的。现在，能够纵观金融市场，并且精通自己公司的财务状况，能制定让公司发展和前进的财务战略的能力日益重要。能够看准投资的时机，并且能够在公司擅长的领域进行募集资金和投资的财务能力也被日益看重。

经营者在培养公司的 CFO 的同时，自己也要学习一些数字统计管理方面的知识，提高财务素养很重要。虽然是这么说，但是日本的经营者大多将精力和资源优先分配给"现场"，有注重工厂运营和技术开发的倾向。当然这也是很重要的，但是没有资金，公司就没有办法运转。所以说，"CFO要有会计加财务的能力，这是必须条件"，这样才是公司发展的万全之策。

特别是现在的日本产业构造，正在从工业化社会向知识集约型社会推移。随着这样的现状，就算是有很好的技术制造出很好的产品或者提供很好的服务，但是不知道资金的运作，那么这些都是徒劳的。只要遭遇过一次资金周转的经历，经营者都会在之后变得谨慎起来。但是这种状态也很让人困扰，比方说明明遇到一次很好的商业机会，但是却因为太谨慎了而失之交臂。经营者如果有这样的倾向的时候，就也到了差不多应该退出的时候了。

信条 2

资金的运用要分清攻守的
时机

信条 3　心胸要宽广

虽然日企的技术得到了世界的认可，也有一定的知名度，但是销售额却一般般的中小企业在日本有很多。如果是已经决定了只继续保持一定的规模，进行"家庭作坊"般的经营，也倒是一种模式。但是如果想要让企业得到成长并扩大规模，增强加固是必不可少的。

举例子来说，比如为了扩大企业规模而去招聘人才。或者，因为收益率太低，但确信产品技术实力而去提高产品售价。还比方说，在企业发展相对顺利的时候，保持对

"有趣的事物"进行投资这样向前看的态度是很重要的。

在我关于后继者的内容时也提到过，家族企业经营者对于自己的企业倾注了太多的心血，以至于可能让自己陷入只从自己身边的亲族中选择后继者这样的"狭隘视角"里面。举个极端一点的例子，就好比过于拘泥于所谓企业的传统或技术而难以拓宽自己的视野。希望在扩展企业事业之时一定不要忘记有意识地开拓自己的"眼界"。

狭窄视野衍生黑名单企业

视野狭窄的话题不仅限于中老年经营者。这是在我看到很多IT（信息技术）行业创业的年轻经营者时所感受到的。虽然都喊着要进行互联网革命，但是看着这些开发出来的新商品和新的服务，果然只是限制在了性能有限的智能手机软件上。我感受到这并没有真正脱离传统的行业。

黑名单企业就是指让员工过劳工作，这样的约定俗成已经深入人心。这也是一种觉得只要把公司做大就万事大吉的目光狭隘的表现。成为黑名单企业，一般表现为对自己的员工关心不够，还有违反法律的行为。这可能是因为，经营者自身有一种感觉，那就是自己和员工们不一样，有一种很特别的优越感。如果经营者保持这样的想法的话，那么这家企业也就不会长久了。

有着这样狭隘眼光的经营者不在少数。我觉得他们应该更加放开眼光，注意周围的人们，并拥有一种长远的视野。

公司做得越大就越应该重视把视野放得更远。如果要问为什么，企业是作为一个社会性的存在，不仅是对客户或顾客，也对地区社会的相关联的利害关系者有一种"公共性"被人们所期待。在日本就算是中小企业也会与商工会议所或一些地区性团体，以及一些学校相关联。这些关联者对于企业的期待也是很大的。

实际上，随着企业的成长，企业也不断地成为一种公共性存在，这是日本企业的传统，也是支撑着企业发展的重要原因之一。

像"三菱""三井"这样的财阀或者集团，虽然早期是创始人不断扩大事业的结果，但是实际上现在认为这些公司是家族企业的人几乎已经不存在了。随着发展和进步，不断地从公司之外招聘经营者，更因为上市成为一种公共性的存在。在亚洲，不管把事业扩展得有多大，拘泥于用家族企业的模式来继续经营的企业不在少数。这种企业容易发生内部纷争，或者说公司经常受到各种社会舆论的批判。日本企业随着不断地发展，公共性的存在也不断地夸大，我觉得这是非常好的。

这一个传统，应该说是深受东京证券交易所的设立者以及对日本产业及资本市场的整备呕心沥血的实业家涩泽荣一先生（1840年生）的影响。当然，也有在第二次世界大战后，日本的各大财阀被解体的原因。

日本迎来经济高速发展时期的时候，虽然日本企业在扩大投资方面跨上了一个新的台阶，资金的来源还是靠主办银行的支持。通过主办银行的制度，银行的角色逐渐地与企业的经营更加紧密相连了。但是另一方面，上市企业也变得越来越多，由此企业治理也逐渐开始崭露。主办银行与上市结合这样独特的方式，让日本企业作为公共性的存在价值得到了更大的提高。

当然，就算是在日本经济成长期，各个企业集团，银行，商社，还有汽车和材料厂商等，汇集各大产业板块，不断扩大自身势力，在国内市场相互竞争这样非效率的一面也留存了下来。经济高速成长时期，每个企业都是发展势头良好，但是如果进入到更加激烈的国际市场竞争之中，就很难赢得国外的大企业。

另外，也可以说是企业的公众性或公共性带来的好处，就是普通职员通过努力有机会可以逐步晋升为社长，但任期往往也不过短短数年，也就是我们所说的"白领层经营者"。但这些人会在做决定时，只按照是否有前例来作为判断的标准，这也是常常被指出的弱点之一。

中小企业的话，正是因为还没有建立起白领经营层，所以如果能够很好地运用企业的公众性，更有"胆略"的经营就会成为可能。我认为越多的中小企业能够将事业好好继承下去，并能够长期成长发展的话，给日本的经济所带来的正面影响就会越大。

所以我希望在事业继承这方面，经营者能以"能够实现我所办不到的事情的人"为重要的视角去寻找培养后继者。

虽然听起来可能有些言辞夸大，就像曾经的财阀所走的路，随着中小企业的规模如果越来越大，资本（股东）和经营就会被分隔开来。

包括家族企业经营者的子女在内，家族成员成为大股东后，实际经营者或是从企业内部的干部中晋升，或者是从外部聘请录用，这样的方式渐渐变多。实际上，最近像旅馆、零配件厂商、连锁饮食店等没有后继者的中小企业，有不少都被外资基金所收购。聘请大企业的 OB 或 OG 为企业经营者的方式，重建经营的事例在激增。

不过就算不用被外资基金所并购，通过增资，让客户或者金融机关等成为股东，用这种渠道去寻找后继者的经营手法也在增多。只要能拥有一个宽广的视野，好好把握住财务感觉，事业继承是有各式各样的选项的。

希望中小企业的经营者们不要再认定自身企业为"家业"，应该以描绘更宽广的路线图，以及持续成长发展为前提来思考下一步该怎么走。如果日本的中小企业能够按照这样的一个成长路线来走，就能很大程度上推动日本经济的活性化。

信条 3

把经营、股东和事业分离
开来思考发展

第五章

创业者和准创业者应该知道的 6 条原则

这一章主要写给年轻的初创企业经营者和有创业想法的大学生。曾经日本有许多像索尼、本田、京瓷这类快速发展成大企业的例子，但是最近并没怎么听到这类事。和美国的年轻经营者的成功案例相比，可以说能拿得出手的日本年轻人创业事例显得很少。不得不说，出现这种状况的背后有当前大学生和新晋青年实业家的职业观的影响。我们应该怎样创业？为取得创业成功需要做哪些工作？从大学阶段的准备工作，到最终把初创企业带入正轨，我总结了大家在整个过程中应该重视的几条原则。

原则1　要有拓展能力

"日本的创业者真多啊！"

曾经有外国人这样说。说起创业大国，美国的硅谷还是最具代表性的。相比美国而言，日本真的可以说是创业"小"国或创业"少"国。我也思考过原因，理由说不定就在每个街角。咖啡店、面包房、干洗店、书店等店铺几乎挤满了日本的每一条商业街，这在外国人眼中就成了让他们惊叹的"小小的创业"。的确，从这个角度来看日本具有创业精神的人的确非常多。

在一般人眼中"创业者＝IT富翁"，如果我们将焦点换作服务业，就会看到类似于前文提到的，稍稍有些不一样的风景。

有些咖啡店非常受欢迎，生意很兴隆，但就算是这样店主也不见得会考虑开设分店。销量可观的加油站说不定在店主的眼中也只是"有效利用闲置土地"而已，很多时候店内的工作人员几乎全部是家人或亲戚，这类店铺也并不少见。

可能开场白稍微有点长了，我想说的是，如果我们只满足于创业状态，公司未来是不会有任何发展的。小企业说到底也只是小规模经营，最后变成家业而已，这和真正的事业存在本质上的不同。

创业者，肯定会有各种各样的专业性和主题。虽然能按着想法去实现已经是一件很了不起的事情，但如果仅仅是这些肯定是没有可持续发展性的。对于初创企业而言重要的一点是，在事业顺利开展之后，要及时有下一步要怎么做的想法。不然在面临同行业竞争对手的出现，或者自己唯一的事业出现瓶颈的时候很容易手忙脚乱，就算是能应付眼前产生的问题，最后你的事业也很容易仅仅停留在家业的等级。

勇于尝试自己从没想过的新事业

创业的精神虽然也非常重要，但也许我们也要尝试将视线从创业精神上移开。重要的是如何提升我们的拓展力，正如各位所知道的欧力士集团还运营着高级河豚料理店，从我自身来说这之前几乎从没想过有一天会做和河豚料理有关的生意。就只是在开展事业的过程中碰巧有这样的机会就做了而已，当然并不是说直接从租赁业跨越到餐饮业。做租赁的时候会详细了解到设备和资产的所有方式等。随后就能更加深入地参与法人金融业事业。具备、积累了相关事业的条件和经验之后，就可以开展"旁枝结构事业"了，这个时候就选择做起了想都没想过的餐饮业。

举个例子，通过 IT 关联业务创业成功之后，在做好主业之外，尝试更多不同事业的企业也是非常多的。在这些旁枝事业中，也常有听说过在自己开始创业的时候根本从来没想过会从事的事业。

就算不改变行业种类，仅仅是将一家居酒屋或者餐厅实现连锁化，将商业版图拓展到全国的例子也很多。将企业从家族经营中分割出来交给专业的人才打理，通过企业上市来筹募资金。"将创业实现企业型转换"也是一种拓展力。希望各位创业者一定要强化拓展力的意识。

还有一个需要注意的点，那就是借助企业拓展力。刚刚起步的初创企业，会有借助创业的势头拓展事业和实现转型的倾向。当然创业的势头也很重要，仅仅是有创业的势头也不能实现真正的经营。需要有能够拓展业务的人才和足够的资金，条件具备以后去尝试新的事业的创业者的成功率也会相应地自然上升吧，当然也要有意识地调整或保持适当的拓展速度。

　　说到拓展力，希望各位也将竞争力和市场性放在心上。

　　看着现在日本新一代的年轻创业者，很多人将事业重点偏重于 IT 行业，而且还是 IT 行业中的很边缘的事业。稍微了解后，就会有事业面太狭窄了的感觉。退一万步，就算做得还不错，最后也只能得到小小的成功。像做手机的应用程序，虽然一开始是由一个点子组成的事业，但是仅仅靠这么一个点的话公司将很难长久持续。但就算是业务范围很小，也要尽全力迈出事业成功的第一步，因为如果在这里失败的话，就没有什么下一步可言。假如成功地迈出了第一步，是只属于当时的小成就，要记住，这离大成就、大成功还很远。接下来，应该马上也会开始筹划周边业务的工作，然后一边重复之前的辛苦一边为自己的公司实现新的市场价值。像这样成功踩稳创业最初的第一步和接下来的每一步，作为初创企业来说成功率会大大提高。

在这个过程中创业者应该也能慢慢地学会是应该横向发展还是应该纵向发展的能力，初创型企业的创业者想要做到成功这一步，最少需要有得到两个阶段性成功的觉悟。

不好意思要说一下关于我自己的事情，几年前我儿子也开始创业了，当时他也向我征询过意见。其中有一点是我在前文提到过的"要和拥有自身所欠缺的能力的人一起干事业"。绝对不能选择开口就是想雇用"看起来很好用"的人和"不录用看起来比自己聪明"的人。就算过得比较辛苦，也要选择和比自己聪明的人或者拥有自己所欠缺能力的人在一起工作。后来儿子曾偷偷跟我反馈说"和老爹当时说的一样"。获得优秀的人才也会变相提升公司的拓展力。

公司并不是一个人就可以经营的，特别是对于初创企业的经营者来说，就算打算自己一个人逞能多干一些也会受到很多必要交际的限制，将自己的交际圈扩大也是很重要的，然后你的人脉圈子也会得到相应的扩张。希望你能成为一个人脉宽广的经营者。

关于新的投资，从投入少量资金开始，如果感觉到业务发展得挺有意思的或者感觉能够做得更好的话，再招募更多的人和投入更多的资金会比较好。当然了，也不是所有事情都能够顺利成功的。从小金额投资开始进入市场，当面临冲击的时候也不会有太大的心理压力，在没有退路的情况下对自己的打击也能在可控范围内。对于中小型企业和初创企业来说，主力产品或者主力服务业务的销售情况，或者市场整体的景气状况，都容易给公司的经营带来较大的影响。就算是为了缩小影响范围也好，保存一定的余力去继续干好事业以及做下一个新业务是非常重要的。如果能够连续、持续地取得第二个或者第三个哪怕小小的成功，在能够提升经营安全度的同时，企业将来的道路也会越来越宽广。

原则 1

创业要以二级火箭方式
发展

原则 2　不要把上市作为最终目标

　　创立公司的经营者常把上市作为最终目标。确实，上市是公司成长的一个节点，也能起到提高公司知名度的作用，员工的士气也会因此而高涨。所以，创业者把上市作为目标是无可厚非的。

　　但是，现实如何呢？我们可以经常听到这类事情：公司有幸得以上市后，创业经营者就将自己所持有的股份卖掉，用所得资金去过富足的生活。虽然过上富足的生活没有什么不好，但是首先要考虑的是为什么要上市。所谓上市，指的是公司为谋求发展需要更多资金，却无法自给自足，在这种情况下寻求外部资本的行为，其结果就是风投进入或者在市场广泛募集资金。将自己所持的股份卖掉是完全不能补足公司资本的。为了满足自己的私人目的而考虑让公司上市的经营者所率领的公司，在上市之后能否得到真正的成长呢？上市的结果，如果是经营者个人得到了利益，对于公司的资金需求没有带来什么帮助，即使有也很少，这样不明上市目的的案例也是有的。

不要忘记道德和透明性

即使不是上市企业，只要公司存在于社会之中，就有维护道德的责任。公司越是成长壮大，欠缺道德的行为或行动所受到的批判就越多，得到的教训也就越大。自律是伴随着组织的扩大，经营者所必须要认真考虑的事情。

话题回到上市，个人认为上市本身是没有意义的。所谓上市，就是让很多的股东去"购买公司"。经营者必须要有这样强烈的意识，上市是减少创业者和大股东的出资比率，"把公司卖给他人"。因为是在证券市场进行股票交易，所以是不特定的投资者购买了公司的股票，也许在某个瞬间公司的老板就变成别人了。作为经营者来而言，上市就意味着你要对第三方担负起重大的责任。

并且，在导入他人资金的同时，上市公司要保持高度的透明性。作为投资者来说，是不会把资金注入一个"摸不透"的公司的。公司的经营状况、资产等都需要进行详细公示。想套取他人资金的话，上市是一个好的选择。但是，只是单纯以资金为目的的话，那么最好的方法是自己从金融机构或者熟人那里筹募。所以我觉得只把上市作为目标是一件很奇怪的事。

只把上市作为最终目标的人去创业会是一件很令人困扰的事情。即使经营者自己没过奢侈的生活，也会出现不知道该如何分配剩余资金的情况。拿这些资金做什么呢？也有案例是把上市所筹集的资金用于投资其他的初创企业。只能说，这也是背离创业初衷的行为。

实际上，有的因上市而成名的初创企业，在之后逐渐销声匿迹的原因，和资金的用途及透明性，或者没有进行深入思考是有关的。

上市之前必须要考虑的事情有很多。首先，即使是初创企业，也需要达到上市公司所要求的内部组织的稳固性，同时需要确保上市所要求的收益性。为了达到这些基准，上市的准备工作是一个长久的过程，经营者需要脚踏实地地去攀登每个阶梯。其次，考虑一下自己为什么要上市。上市就是要确信"为了事业的进一步发展，这个方法是最合适的"。为了接下来事业的推进，需要多少资金；为了确保这些资金需要进行什么规模的公募；扩股之后是否能够得到与之相对应的利益（也就是说，经营者是否可以满足新的股东)，且是否有将事业持续发展下去的自信等。即上市之后，对于不曾谋面却投入珍贵资金的股东们，经营者所承担的责任不是"自己一个人的公司"可以比拟的。对于经营者来说这好比破釜沉舟，是需要自己去深入思考的。如果没有这样的觉悟和理解，就可能在上市获取资金后进行挥霍。

针对这点来说，也许美国的事例可以作为参考。

在创业大国美国，给初创公司注入资金进行风险投资的人和企业有很多，原本是经营者的投资家也非常多。在此基础上，他们不仅出资，还会在经营上贡献自己的智慧。加上专门接受咨询的专业人士，创业的 OB、OG 等有很多这样的存在。大学教授成为社外董事等支持创业的社会基础已经打得很坚实了。

与美国相比较，在日本还没有形成年轻创业者从专业的资深经营者学习知识见识的体制或是系统，这是不得不承认的现实。但是，我觉得尽量向专业的资深经营者学习知识和经验是非常重要的。看看周围，日本企业的人才也是十分丰富的。在大企业工作的人中也有曾经在子公司工作经验的经营干部，或者是有着丰富的技术经验和能力，但是因为年龄而不得不退休的技术专家等。社会中其实有很多具备各种经验能力的人。特别是年轻的经营者，听取这些人的意见是十分重要的。因为他们的这些以经验为基础的意见是十分珍贵的。

实际上，现在的日本因为受到货币宽松政策的影响，发生了不少失配的现象。出现了在投资资金富足的情况下，能够投资地方却很少的状况。这就导致了风投机构如鹰隼捕捉猎物一般在寻找投资对象，对一些只是刚刚起步的公司投入巨额的资金这样"不匹配"的现象频发。这很容易让年轻的创业者误认为是"自己很有实力"。如果这时候有能够以冷静的眼光，根据现在的经济状况向你指出问题所在的前辈经营者或者财务专家的话，也会令你少走一些弯路吧。

原则 2

目标不是上市，而是持续的成长

原则 3　即使担心也要把工作交给手下

　　兢兢业业的企业家们在公司规模扩大的同时也在寻求角色的转变。若是初创企业的话，经营者靠着引领员工，在某种程度上公司能够有所成长，但是企业规模变大后掌控所有员工就变得很难了。这种情况下，就必须改变企业的管理方式和手法。

　　工作当中，管理者一定会发出"延续之前的做法进展不下去啊"这样的感叹，可是，是固执地延续之前的做法做下去呢，还是想到"这样下去会裹足不前"，采用新方法呢？这个问题有待商榷。现实中，随着企业规模的不断扩大，仅凭经营者一己之力，想全方位无死角地掌控企业组织或者每位员工，几乎是不可能的事情。不仅如此，公司有哪些变化，正在发生着什么，完全搞不清楚的经营者也不乏少数。

这种情况下，如果重新审视一下公司内部，就会发现公司的各个部门有很多努力工作并且值得信赖的企业骨干。相信他们，并把工作大胆放心地交给他们去做吧。回过头来看，其实这就是我的经营模式。

耐心地等待部下的汇报和商谈

在工作中，经营者不论是否有了想法或结论，应该在某个时间点把事情交给下属去做。这样一来，等待下属结果汇报的时间和机会也就变多了。

干等着是件痛苦的事情。但要相信公司的大多数员工都是诚心诚意地拼命在工作，这种信任的等待十分重要。从我自身的管理经验来看，经营者对员工越信任，员工的工作也会自然而然地与公司的经营方针相向而行。

在第二章中我提到过，在把工作交给下属去做的同时，也要设立适合的检测机制。例如，精确的计数管理方式。让每个部门每月交一份销售成果和利润额的报告，并且让相关负责人提交接下来的预测报告。这样一来，"这个员工言出必行""那个员工说的话信一半就好"，渐渐地对每个员工和事件都会有一个自己的判断基准。对于那些判断基准偏低的员工，就不能只是等着他们来汇报了，不时地问一问他们"那件事情的进展怎么样了啊"什么的，像这样的"特别检查"不可或缺。

如今的企业在管理的过程中，出现了自由工作时间制或是在家办公等多种多样的工作方式。正是因为这一点，经营者应该不管公司规模的大小，下定决心把公司交付给下属，并且要制定一个掌控现状的企业管控系统。这样一来，经营者就可以从繁杂的工作状态中解脱出来，去构建成长型企业那样的新型经营管理模式。

原则 3

把工作交代下去，员工会
更有动力

原则 4　创业与领导力是可以学习的

　　日本创业成功的人有很多，但比较遗憾的是，近年来公司得以大规模发展的却很少。近几年来事业飞速拓展，也都被大家熟知经营者有乐天的三木谷浩史董事长兼社长，迅销集团（优衣库）的柳井正董事长兼社长，软银集团的孙正义社长，还有就是日本电产的永守重信董事长兼社长等。

　　国外有微软、谷歌以及亚马逊等很多美国企业比较突出。第二次世界大战之后日本很多人开始创业，很多全球化公司就是在那个时候发展起来的，但是现在并不是这样了。

企业周边的大环境在发生着变化，我认为同时也有一部分是受到教育的影响。

很早之前我就在想，要是日本也有培养管理人才的基础教育该多好。在美国以 MBA（工商管理硕士）为首，在研究生教育设置了创业和经营管理这些专门课程。本科的基础教育也全面实施。这样学生们就能多范围地学习知识。说到学习经营管理这件事，首先要从经营管理的概念和组织论开始学起，接着就是财务的知识吧。关于资金在企业运营中，财务和会计是必需的知识。

什么是人际交往的正确方法

在拥有经营技法的基础知识的同时，再进一步学习如何用人。或许可以称之为领导力理论吧，总之，这才是人际交往的正确方法。无论是中小企业的经营者，还是大企业的社长，只要从事经营，财务能力和领导力都是必不可少的。如果不精通这两方面，企业便无法发展得更好。

如果再要加上一点，那就是社会性吧。学习企业组织与个人所应有的正确的状态、社会的动向，包括学习伦理观，都是非常重要的。

在大学里，这些都是可以通过经营学进行系统学习的。较为理想的形式是，大学里设有可以向有学术经验的老师和实践经验的老师双方进行学习的课程。我在大学里学习已经是差不多60年前的事了，所以我也没法大谈自己的经验，但是我感觉经营这门学问，比起纸上谈兵，还是实践理论更为重要。

大学教授仅仅依靠学术经验来拼命写论文，创建学科体系，进行授课，但他们的课并不一定完全贴合现实。在美国的大学中也是，教授越能指出在实际商业世界中被认为是正确的事物，越会被称为经营学的权威。仅仅是纸上谈兵，停留在学术的世界里却与实践相背离，这样的情况还是很多的。

但不管怎么说，正确的学习，是创业家得以辈出的基础。我年轻的时候，也曾参加过各地的演讲会和研讨会。"我试着开了家公司"这样凭借气势创业的人，与规规矩矩取得MBA学位之后再创业的人，他们所说的内容是完全不同的。学习过经营之后再创业的人，会给人一种基础很牢固的感觉。精通创业的学问，也关系到企业组织和经营机制的完善程度。

创业家必须充分理解现实世界。比如，根据对金融市场的现状有多少了解，就能明白自己的公司能做到的事情和不能做到的事情。在日本，公司能做的事情是非常有限的。而在美国，比如说有垃圾债券（信用等级较低的公司债券），即使是"有些怪怪的公司"，也可以发行高利率的公司债券。在美国也存在着这样的交易市场。投资者也许能获得高回报，但也存在失去资金的可能性。在日本，这样的市场还不够健全，一不小心就只会变成高利息融资。

　　美国也存在对未上市的股票进行交易的市场，以及以流动性较低的股票为对象的粉单市场等交易市场。尽管像这样的市场，参加交易的人员是有限的，但比起没有，果然还是有比较好。增强作为经营者的专业知识，是事业成功的关键。经营者一定要记得保持如饥似渴的态度进行学习。

原则 4

学习创业理论，加强企业建设

原则5　在大学时代提高学习能力和思考能力

大学 4 年是提高知识水平和思考能力的时期，而不应只顾着进行求职活动。日本的大学很少有人不及格，因此学生们很容易产生"能毕业就行"这样的想法。于是在日本的大学里，4 年里努力过的学生和不努力的学生都能轻易取得毕业证书。

然而，如果考虑到将来，大学 4 年其实应该踏踏实实地学习包括现实社会的机制和体系在内的各种知识。

小小的契机也能使你发生改变

也许有很多大学生会觉得"自己糊里糊涂地进了大学，也没有什么特别想做的事情"，但是年轻人是会因为小小的契机而发生大大的改变的。不只是对着桌子学习，比如，利用长假出国等的体验也非常重要。

请用自己的眼睛去看看这广阔世界的现实吧。去到贫困的国家，思考自己到底能做些什么也是很重要的。我听说，现在也有很多年轻人和大学生拥有过去的日本所没有的奉献精神，会去国外做长期志愿者等等。他们敢于超越在日本生活的满足感，去思考自己能做的事情，自己不得不做的事情，真是了不起。

住在日本，看着电视里世界上贫困的国家的新闻，我们也许会觉得"果然不论怎么想，在日本生活还是很好的"。因为日本的生活既安全又便利。但是，仅仅靠看视频，我们是绝对闻不到那片土地的味道，也感觉不到那里的风的。那里的温度我们也不会知道。能打动我们内心的东西是很有限的。

有些时候，在试着采取行动之后，我们才会明白"原来如此"。

我在几年前去了一趟蒙古。那里有草原，有马在悠闲地跑着，还有游牧民族的移动式蒙古包。目之所及，真是一片田园诗般的风光。然而，草原上全是马粪，闻起来非常臭。当地人招待我进蒙古包，但刚要进去，刺鼻的气味就扑面而来。原来如此，现实原来是这样的，"这里并不是像画里描绘的那样的世外桃源啊"，我在心里想道。

即使是在富饶且安全的日本，也会有人认为"有很多商业机会"于是积极地行动，有人则希望"追随社会的变动"而选择被动，从而产生各自截然不同的生活方式吧。

就算是一些小事，也请不要忘记时刻保持自己想要去做的心情。机会是会降临到这样的人的身边的。

现在的社会，有三成的人会从大学毕业后进入的公司跳槽。跳槽的人中，既有被进入的公司所淘汰的，也有自己想换工作于是采取了行动的正面例子。但无论如何，跳槽的人应该都是下定决心，处于要在新天地奋力拼搏的迫不得已的情况。另一方面，坚持在毕业后进入的公司里工作的人中，应该也既有人过着顺风顺水的职场生活，又有人一边觉得自己是在墨守成规一边又继续工作的吧。

不论是什么样的形式，我都希望大家能够有目的地进行就业。其中也有一种目的是，为了继承父母的公司而预先进行"修行"。也曾有我们公司的客户拜托我们，"因为想让儿子继承事业，在那之前希望他可以在欧力士进行修行"。

还有人会想，"我不打算一辈子都做公司职员。之后想自己开公司。所以先花个5年时间在公司工作试试"。在风投公司的经营者之中，也有人希望通过商社和银行等习得金融知识，或是凭借参与广泛的业务来磨炼自己的商业才能。

有目的的就业，能带来很多收获。我希望你们能带着不关注知名品牌的价值观来思考公司和工作。

不管怎么说，无关好坏，最后一切都取决于你要如何度过自己的一生。日本社会有一种倾向，不管是在大学，还是在企业，都会优先考虑集体，而相对地忽视每个人的个性与不同。一旦习惯这一点，就无法从中跳脱出来了。总是强调"枪打出头鸟""学会看脸色"的话，是会一事无成的。也就是说，集体主义只不过是日本曾经的工业化社会的残留而已。现在已经是知识密集型社会，需要的是新意和创新。要关注自身，要认真用自己的大脑去思考。并且，努力留下自己的足迹。

像这样用自己的大脑去思考，才是打造冒险精神的第一步。

原则 5

积极学习并行动，好机会
就会降临

原则 6　找工作不是选品牌

在某段时期，相亲成了热门话题。如果以这个话题为前提向女性提问说，"什么样的男性对你的口味"，大多数女性都会回答"可能的话最好是东京大学毕业，最低也得是早庆大学（早稻田大学和庆应义塾大学）的毕业生。"

对于存在这种想法的人，我也不是不能理解她们的心情，可是向结婚对象要求他们有好"品牌"这种做法总不免让我感觉有些不舒服。

至于我们为什么突然从相亲话题入手，是有原因的。

人们经常说日本初创企业不多或者创业的情况很少。主要的原因是"对创办公司有浓厚兴趣"的年轻人开始减少，这种情况归根结底还是大家在选择就业的品牌效应。

众所周知，现代世界的经济体系和产业构造时刻都在发生剧烈的变化。就算如此也有一些不会改变的事情，那就是日本大学生对就业的看法。不管怎么想，这都是一件非常奇怪的事情。每年都会有一个最受大学毕业生欢迎的公司排序表。非常多的学生会根据那个表格登载的信息拼命想要挤进排位靠前的"好公司"。应该是想要进入受欢迎的企业，并终其一生当上一个静悄悄的工薪阶层员工吧。

假如，在学生时代稍微有过一点"将来想要自己创业"或者"比起做一名工薪阶层的普通职员，不如自己做点什么"想法的人，我想将来他在面临就业选择时也许会稍微有些不一样。

现在的大学生，静悄悄地过着工薪阶层的生活，也不是每个人都想着"退休的时候能做个部长就很不错了"，但是也不是每个人都有想要自己独立出来创业的想法。大多数的学生，就和大学入学考试时差不多，基本都是优先考虑企业的"品牌"。

说到底，在进入大学的时候，就如同我们开始说到的流行将进入"品牌大学"当作自己的目标，几乎可以说是理所当然的事情这样的风气。比起是否符合自己的想法和个性，或者是否符合自身实力来说，"不管怎么样，先进入'名牌大学'再说。"比起进入大学之后要学习什么专业，能够顺利通过考试入学的那一瞬间得到的评价才是更加重要的事情，可以说这是一种极度扭曲的社会现象。这就是造成后来各种不平衡或者不匹配现象的原因所在。

大学生和企业之间也存在这种现象。将自己的大学品牌和企业的品牌互相对照选择，将尽其所能地进入更加知名的企业作为目标。至于这个企业的职业种类是否适合自己，就是另外一回事了。退一万步，就算是运气好能够顺利进入公司，能不能一直生活在你毕业的名牌大学所创造的绿荫下也是一个未知数。因为在工作时人们看的是你最后所能够创造的实际价值。现在这个时代已经不再流行"如果是某某大学毕业的话，那么你将来就有可能成为我们公司的社长候补"这种事情了。

虽然这是理所当然的事情，只要你想要进入一家企业，就会被考察个人实力。但也有些人只是单纯地被企业品牌和知名度所吸引，对于自己的实力是否能够勉勉强强够得上这家公司之类的完全不作考虑。在我看来，这是再愚蠢不过的行为，不如进入一家自己能够如鱼得水的公司来得实在。甚至有些人更愿意与当时和自己一起进公司的同事做比较，最好别人在各方面都比不上自己。

去一个不会埋没自己的职场

　　选择一个不埋没自己、能让自己施展身手的职场，这样自己会更容易受到欢迎，也会获得更多晋升机会。比起那些所谓的知名公司，发展中的公司有更多的晋升空间，也能给人提供更多的工作机会和成长环境，当然员工自身也需要贡献更多。我认为找工作时这么选择才是正确的，当然大多数人应该都不是这样想的。

　　这种扭曲的现象，在某个角度可能也反映了大学和父母的期望。应该也会有为了让自己脸上有光，推荐自己的孩子选择某些大公司的例子。但是，从长远来看大企业是否能增强员工自身的能力，谁都不能保障。当然也完全没有意识到，真正激烈的竞争是在进入企业之后才开始的。

　　大学院校所摆出的姿态也是造就这种扭曲的重要一环，就业指南上"本大学毕业生多就职于东京证券交易所第一部上市企业"这类介绍也不少。这导致很多大学生只将目标定在东证第一部上市企业中，有可能导致就业市场失衡。

　　单从大学的角度来看，有更多的学生能够进入知名企业就是大学的业绩。所以总是向学生们传达"你们要进入更好的企业",大学的教职工也会向学生们说"你能够进入这家公司也说不定哦",从而推荐各种有名的大公司。我认为作为教育方,不能向学生传输这种奇怪的观念。求职活动本身的基础流程从一开始就已经错了。

在大学生之间,可能也流行着"知名企业内部拥有健全的员工培训制度和大批优秀人才,因此进入知名企业能让自己成为出色的职场人士"之类的信仰,但是,这一点也是错误的。随着欧力士逐渐变成知名企业,抱着"进入了不错的公司"想法的新职员也逐渐增多。也有抱着"今后会拼命努力学习,还请您多多指教"想法到公司工作的人。从经营者的角度来看,真的会想说:"你可饶了我吧,这里又不是学校。"我从心底里希望,哪怕只有一个人也好,是抱着"从我进入这家公司开始,我会尽我所能去改变这家公司"想法的,但是这种事情我几乎没碰见过。

原则 6

工作能否提升自身实力关乎你的将来

第六章

容易被遗忘的 5 个谨记

为实现企业的长期发展，中小企业和初创企业的经营者以及有创业想法的年轻人应该保持怎样一种精神状态呢？本书的最后一部分，将就这方面作出说明。虽然这些看起来都很简单，实际上却很容易被大家遗忘。不忘初心，脚踏实地坚持下去是非常难的一件事。接下来就为大家介绍我自己在多年的工作生涯中总结出的有效心理秘籍。

谨记1　不要忘记谦虚

"梅雨时节的牡丹花也会俯首低头。"

1980年我就任欧力士的社长之时，日棉实业的前社长也是欧力士创设时期兼任首任社长的福井庆三先生（已故）送给我了一幅写着这几个字的卷轴。

作为俳句诗人，福井先生也很有名。他读到这句话，亲自书写下来送给了我。

牡丹花瓣上有点滴朝露，朝花怒放，甚是美丽，可也仍有"俯首低头"之时。这告诉我们，就算是在成功之时，也要保持谦虚。虽然我认为自己并不是那种会忘记谦虚的人，但是前辈总是为我担心，对我说"还是要注意"。如今再回想过去，这确实是对血气方刚的后辈关心至极的善意之言。

说到社长，无疑大家所想到的都是公司内的最高掌权者，作为权力象征之一就是掌握着人事调配的权利。从部下的角度来看，这就像是掌控着自己的"生杀大权"。有人会因为掌控了如此大的权利，而感觉自己了不起，从而不能做出正确的言行举止。

通过晋升和提拔就任社长职位的人就不用说了，而创业者和家族企业经营者就掌控着更强大的权利。我自身作为企业经营者和很多外部的社长有过接触，让我印象最深的是，就算是担任要职也保持着谦虚态度的人往往会有更多的伙伴，工作也会更加顺利。

人是会变的。就算是曾经性格非常谦虚，在工作面上非常积极让人感到很不错的人，也会有经过几年之后突然之间感觉到"嗯？这人是这样的么"这样的情况发生。

感觉像是发生了什么，可能是因为工作上的成就给自己带来了过剩的自信，从而失去了谦虚和学习的态度。人越是站在高处，越应该感受到自己责任的重大，从而学会自省，反省，找回不那么傲慢的自己该有的样子，这是非常有必要的。

比如说，随着当上了社长，因为变得被周围的人所重视，一个不注意就有可能让自己置身于一个假想的环境中。而因"社长病"而变得更加有肚量，因为某个契机醍醐灌顶的情况也是有的。这样的话也有可能成为一位够格的董事长。事实上，我遇到的很多年轻的社长，他们大多在一年之内就能有惊人的成长。

虽然有所赘述，但是我还是想要反复强调，身为一名社长就需要时常自制，自重，并且怀有很强的责任感，竭尽全力工作，这都是非常重要的。把这一切都铭记于心工作下去和没有任何自觉地盲目度过每一天的差距是非常大的。

认为"自己没问题"的经营者想必是很多的。但是，其实大家都很难自觉。如果员工都习惯于迎合社长，就会变得很难保持普通正常的感觉。我在本书的其他章节也指出过，能进到社长耳朵里的都只是好事。不管社长怎样强调"坏事要放在首要位置第一时间跟我报告"，但是事实上，并不是这么简单的。

在这样一个情况的大前提之下，社长能够亲自向职员伸出援手是非常重要的。如果习惯于被迎合奉承，认为"原来社长就是这样"之后，就会变得无法知道部下真正在想些什么了。这就会成为阻碍企业成长发展的一大要因。

所以，希望社长能够起到发现和引导员工和公司的潜在能力的作用。这样的话，给员工有所"挑战"的机会是非常重要的。反应灵敏的员工就会因此而得到很大的成长。当然也有随着企业的成长，在不知不觉中员工的能力也得以提升的情况。

这是欧力士第一次以大学应届毕业生为对象进行招聘的事。第一批被招聘进入企业的是 4 个人，这之中有一位是中文专业毕业的。他自己说"虽然是学习中文的，但是不想被这一点所束缚住，所以想从事专业之外的工作"，所以进入公司之后他负责了销售工作。但是随着企业的事业扩展，开始进入中国市场，工作上还是拜托了这位员工。

当初访问中国时让这位员工作为翻译，但是在决定真正进入中国市场之后，他就作为常驻人员被派到了中国去工作。在这时候，他在自己的专业领域之外已经被培养成了一位出色的中层干部。虽然最初在招聘应届毕业生的时候，大家还没有想过要在中国开展租赁事业，但是从结果上来看，还得感谢他发挥了中文专业之外的能力。企业的成长和员工的能力发挥相辅相成得到了很好的成果。社长，是要让包括自己在内的所有员工都能发挥出最大能力的负责人。找到哪怕是一丁点儿能够成长的机会，让全部员工的能量总和达到最大，这是身为社长的重要工作之一。

谨记 1

开发出员工的潜在能力

谨记2　不放弃则胜利

作为经营者，一定是想把自己的公司能够在持续坚实发展的基础上，长久成长下去吧。就算是不太景气的时候，也希望自己的公司能具备战胜危机的能力和体力。这种时候我相信没有什么比毅力更重要了。

就欧力士来说，从开始租赁业务的时候就一直以不气馁不放弃的毅力，不断地扩大自己的事业规模。举个例子，以开始租赁的客户为对象的法人金融服务来说明。为了确保资金能够回收，偿还能力的审查就显得十分重要。在这点上，我们把在租赁业务中累积的知识和经验活用在了金融业务之中。

进一步的，我们也逐渐开展了汽车租赁的业务。虽然在这个领域上来说，也是从客户那里收取租赁金的模式，和一般的租赁基本相同，但是客户要求和需求的却是更多的。

也就是说，虽然提供给客户汽车租赁的服务，但客户那里还有车辆保险，还有车辆维护，以及车检还有行驶管理这些需求和要求。可是，欧力士虽然非常擅长一般的租赁，但是汽车关联的事情并不是知道很多。就算这样，我们为了能够满足客户们的需求，好好地学习各种知识，把各种体制完善化，准备提供给客人更多的附加服务。

为了获得相关的经验和知识，我们拜托了汽车修理厂相关的公司来帮助我们。我们和那家公司一起出资，开始了汽车租赁业务。把金融与汽车的知识经验相结合，我们打造了一项全新的服务。现在想起来，最开始的时候觉得这不是件难事儿，但是当时的欧力士果然还是心有余而力不足，如果独自展开这份事业还是有难度的。正所谓晕头转向，不知道该如何是好。如果是懂行的汽车专家一定会觉得"为什么连这种事儿都不懂呢"，不过说实话，在经验和知识没有完完全全掌握之前，我们是没有这种自信的。

企业的成长，相比瞬间的爆发力，不弃不舍的毅力更重要。就像我刚刚提到的，事业内容是随着顾客的需求不断变化的。积极地去满足客户的需求，如果能够适应客户的需求，那么商机就会增加，企业对应危机的能力也会变得更强。把这种努力踏踏实实地继续下去，其实就是成功的秘诀。

扫清眼前的问题

中小企业的长期经营计划的制订，实际上是一件很难的事情，这一点上和大企业不一样。譬如要得到眼前的订单，还有很多类似的眼前的问题需要解决，这是很现实的。但是，就算是没有长期的一幅宏图，只要能有一种不断跨越困难的态度也是重要的。拼命地去对应这些问题的时候，实际上在这过程中，就能不断地拓宽自己的眼界，自己的判断力和对应能力也会不断提高。我在身为经营者的时代也是这么感受到的。

但是不能忘记的是，要明确到底什么才是最重要的课题。企业有很多课题，于是说需要决定去解决这些课题的顺序。人这种动物，通常都是喜欢从最容易解决的问题开始行动。如果这样的话，有可能会错失解决其他课题的时机，会有丢掉其他机遇的风险。应该从最容易得出成功的课题开始解决，并不是从简单容易解决的课题开始。找到公司最大的课题，而这个任务就是社长的工作。

但是并不是说公司就该把全力放在解决社长提出的课题上，而去搁置其他的课题。社长应该把这些课题分担给公司内部的各位干部。哪个课题分给谁来解决，这也是件很重要的事情。要把这件事当作是培养部下的好机会，让他们去接受锻炼。

如果是家族企业的经营者的话，社长的任期是不用被确定的。相对的好处就是这样就不用去介意在任的时间长短和自己的年龄。而且也可以好好地指导年轻员工，也可以培养自己的后任者，把整个公司打造得相对坚固。

谨记 2

不从容易解决的课题开始
入手

谨记 3　用一颗慎重的心去看待问题

世界局势瞬息万变，对于中小企业的经营来说也是有很大影响的。越是在很难看透未来的时代，越是不能丢失谨慎的态度。

从日本经济来考虑，日本政府应该会继续尝试各种各样的手段去让经济成长吧。不管怎么说，对于企业来讲，经济全体向好这件事情是很重要的。

另一方面来说，新兴产业的发展不断地加速，开拓新市场的可能性也非常大。AI（人工智能）的技术进步，自动驾驶的发展，先进医疗服务的登场，这些条件可能会孕育一个大家意想不到的经济成长模式。这些技术的经济效果应该会不断地波及全世界各个国家。地球上的73亿人只要还想着，想要过上更幸福宽裕的生活，那么经济成长的余地一定存在于每个地方。

增加海外市场的分量

对于中小企业来说，不仅是日本市场，在这个时代进军海外也是一件非常重要的事情。但是为了追求速度而粗制滥造是不行的。在亚洲各国，如果要设立当地法人，合资是好的选择，因为独资的话风险也许会大。于是说找到一个好的合作伙伴是很有必要的。选择合适的海外的事业伙伴是一件很困难的事情。不仅费时费力，而且对中小企业的经营者来说，让他们靠自己去选择合作伙伴也是一件不现实的事情。

就我自己的经验而言，选择合作伙伴是一件十分费时的事情。有时候会谈得不好，有时候也能和值得信赖的合作伙伴讨论非常重要的事业课题。如果能够从值得信赖的人那里介绍海外合作伙伴，那么就能更顺利地进行了。

中小企业可以考虑通过银行或者商社，抑或是政府机关等这些方面的关系网去进行信息收集。重要的是企业的经营者要自己行动起来去构筑信赖关系。尽量去增加见面的机会，让对方能够感受到自己的努力。但是构筑真正良好的信赖关系并不仅仅是增加见面的次数，而且是要和对方促膝长谈，了解对方，并且创造让对方了解自己的机会。在这件事上仅仅是公司高层之间还不够，也要与对方各个部门的经营干部打成一片，这样才能完成这项工作。

　　正因为将来会是一个难以看透的时代，谨慎与前进非常的重要，只有这样做才能寻觅到真正的合作伙伴。

谨记 3

要意识到将来是一个看不透的时代

谨记 4　不断学习找到自己的哲学

我们从一个"曲线球"的问题开始讲述。

职业棒球可以说是在日本国民之间最受欢迎的运动吧。不只是对于比赛，知名选手的生活方式甚至是教练的指导方法，从数不胜数的相关电视节目和相关类别书籍的发售情况就可以窥探到棒球的人气指数。

欧力士集团也有属于自己的棒球队，确实能够感觉到球队中有很多很有魅力的选手存在。

欧力士职业棒球队原教练仰木彬先生（已故）也是其中一员，我恰巧和仰木彬先生年纪一样大，他真的是一位非常好的人。仰木先生常对选手们说，"大家自由自在地以自己喜欢的方式打就好，但是，也要为结果负责。"从某个角度来说他是一位非常严格的人。实际上，在类似于这样的情况中，仰木教练培养出了近铁棒球队的野茂英雄投手，在欧力士的球队培养出铃木一朗选手。注重于每个人的个性，就是想让选手们更加自由地去打球。

不管在哪一个行业或领域，都肯定存在卓越业绩的人。站在指导他人立场的人往往不是人格魅力超群，就是特别容易受到别人尊敬的人居多。这样的人往往都在拼命努力为了各自分内的工作操劳，拥有优秀的人性的人。经营一家企业也是一样的情况，我也见过一些在长期经营一家企业的过程中慢慢地将自己打磨成更优秀的人。各自都拥有优秀的人性，大都是在"脚踏实地的智慧"中有着自己独特见解的人。

但是仔细想想，这样的人绝对不会是一个因为想管束他人，想变得卓越，仅仅是为了这种原因而去努力磨炼自己的品格，让自己成为拥有"高尚的人性"的人。恐怕想着怎么在各自所负责的领域中创造更加卓越的业绩的人居多，为此进行不断的努力、学习、钻研的过程中自然的学习人生的形态，学会如何谦逊待人，慢慢地成为一个更加优秀的人的。不管怎么说，积极地和他人为了同一个目标一直不断地共同努力，最后得到的结果将会使自己的人生变得更加丰富充实。

棒球是棒球，经营是经营

因为我喜欢棒球，所以稍微说了一点和棒球有关的事情。就算是这样，我仍然认为"棒球是棒球，经营是经营"，这两者还是不一样的。用有限的选手人数，以最终的胜利为目标去比赛和不得不考虑更多纷繁复杂的条件的经营是两个完全不同的世界。对于各位经营者来说，需要面临的难题的数量要多得多，这一点几乎是不争的事实。棒球的话题比较有趣，结果也是显而易见的。为了得出结果，时而也会觉得关于球队的经营和教练的选择方法，可以成为经营管理企业的一大参考。

但是我们也要再次强调一下，运动只是运动，和经营管理公司需要用到的复杂的知识面、所需要面对的受众人群的范围是完全不在一个层面的。各位经营者一定要从自己在实际的经营管理过程中所总结的经验里，找到属于自己的经营哲学和方向。

要做到这一点，当然需要的是能够不断地学习。就算手边有各种各样做不完的工作，也请为了自己和公司的将来持续不断地努力学习。不要局限于单纯的"应付考试、临时抱佛脚"式的学习。

迅速地发现问题，持续地学习解决问题的方法和过程。找到自己公司所存在的问题，或者是整理清楚作为一个经营者所面对的课题。要想找到自己公司现如今存在的最大的问题反而是一件难事。请时不时地做一下自我反省，冷静地分析一下自己公司现如今的情况。然后找到相应存在的问题，想想怎么去解决这些问题。如果能够找到三种正确答案的话，那么肯定也会有找不到答案的情况吧。如果可以用钱解决的事情存在，那么也一定会有单单靠钱是解决不了的事情吧。从这样慢慢解决问题的过程中，公司应该也会产生一些促进改革的萌芽和契机。

为了能够更加深刻地思考和学习，从平时开始就好好收集各类信息是很重要的。现在这个时代只要轻松通过电视和网络之类的途径，几乎没有查不到的情报。所以才需要自己能够拥有一双懂得取舍、能够鉴别真伪信息的眼睛。像我手中的大部分信息就都是来自于纸张和视频中，拥有一个能让自己信任的信息来源想必也是非常重要的吧。从现在开始，活用自己手中的资源多磨炼自己的判断能力和决断能力吧。

谨记 4

审视自己，发现问题

谨记5　抱着"为子孙留下良田"的心情

　　中小企业的经营，基本就是一直在和各种各样的风险作斗争。开发新的商品，或者是开始一项新的服务，也可以说是公司命运的赌博。担负风险的同时公司也会慢慢地向前迈进产生新的价值，和能够为社会做的贡献产生直接联系。这从某个层面上来说是只有中小企业和初创企业才有的特权。

　　虽然也不是像本书第三章中所提到的"大企业病"，随着公司的逐渐壮大，职员们的工作方式慢慢转攻为守的情况也是一个事实，这个不管是对于哪一家公司来说都是需要经历的一环吧。只考虑怎么将现今的工作做好，或者说对于一个不得不从全新的角度开始经营的工作本身感到棘手的情况居多，像这样慢慢失去挑战的信心，成长速度开始变得停滞不前。但是只要是一家大企业，在一段时间内都能够保持地位不会被轻易超越吧。但是，如果不努力多去尝试新的工作和事业，总有一天会失去自己的优势。

在这种情况下希望大家一定要为自己所背负的后辈们的将来多考虑考虑。我将这个行为称作"为子孙们留下良田"。从谚语来说，在为了家族后代子孙着想，让他们能够勤劳质朴地工作不要给他们留下过多的钱财会比较好。但是在企业经营层面来说，只要公司是由后辈们拼命努力工作，使得公司得到了新的发展的情况下，尽量还是希望能够留给后来人足够轻松、优越的条件。

根本上来说，经营者也好公司职员也罢，应该没有人不想"让公司的明天更加光明"这件事。"让公司更上一层楼"应该也是大多数人的共同愿望，所以在公司的态势将要转攻为守的时候，一定要为将来在公司工作的职员们多想想，自己的公司变得越来越好，不管对于谁来说不都是一件好事吗？

留下更多的资产，这不仅是财务方面需要注意的事情。

好的公司风貌，能够称心工作的职场，和强大的外链以及网络平台建立的强有力的信赖关系，客户企业对自己企业的有利评价等等，努力营造这种将来能够处处开花、流芳后世的环境吧。当做到上述这样的事情之后，对于经营者来说应该是最值得自豪的，为后世创造好的条件的力量归根结底和"为这个世界作出贡献"是差不多的事情。经营者一定要有这样的姿势去迎接接下来将要到来的新时代。当有一天这样的事情变成传统的时候，就会产生新的有益循环，对于社会整体经济的发展应该也会产生持续有益且深远的影响。

谨记 5

挑战是中小企业的特权

结语

　　在前面的内容中，我向中小企业、初创企业的经营者，以及立志创业的朋友、年轻学生等传达了我个人的想法。不知大家会对这些内容作何理解呢？

　　说到创业精神，我自己也并未丢失当初的气魄。作为欧力士集团的资深董事长，我经常思考集团的经营，与经营层分享自己的想法。我希望自己还能为集团作出一些贡献，虽然我已离开执行层面了，但我还会继续发挥余热提一些建议。虽说就自己的年纪而言可能已经不再适合做这种事了，但是我仍然会不断地苦思冥想，希望发现一些符合社会需求的事业。换句话说，就是我会试着去思考，有没有一种"如果我再年轻一些也会想要去从事的"事业。举一个例子，比如我最近认为的一个理应成立且具备社会意义的事业，尽管还只是纸上谈兵，但也请允许我介绍一下。

这个计划就是，创立一家只招聘65岁以上员工的公司。因为我认为这对于现在的日本以及整个社会都会有益处。

依靠企业"毕业生"打造新公司

在现在的日本，一般情况下公司员工大多会在60岁至65岁退休。但是我相信，一定有很多人身体还很健康，也还想继续工作。社会上其实有非常多经验丰富的技术人才以及具备经营经验的专家。

另一方面，如同我在本书中提到的那样，中小企业与初创企业也是烦恼不断，"想要扩大事业却缺乏可以胜任的人才""缺乏有经验的人因此公司建设跟不上"。于是我产生了一个想法，是不是可以创办一个由欧力士经验丰富的"毕业"员工组成的人才派遣中介公司。当然，也不只局限于从欧力士退休的员工，将来的目标是广泛募集有工作意愿且有资历的人才。需要这类人才的工作岗位一定很多，因此我希望能做到人尽其才、量才任用。

如果要求这种年龄层的人采取与年轻人一样的工作方式，那可能会有些苛刻。所以我在考虑如何丰富工作形式，比如"可以接受只在上午工作""只在周一和周三工作"等，我希望工作的方式和内容都能够变得更多样化。我的想法就是希望能为社会作出贡献。

《LIFE SHIFT 百岁时代的人生战略》（东洋经济新报社出版）一书引起了一阵热议。从今往后不再是"65 岁退休"的时代了，一切都必须要以"100 年的人生"为前提。这样一来，65 岁到 80 岁的人就必须要工作了，人们也必将拥有第 2 段、第 3 段的职业生涯。

事实上我也是这么想的。至今为止我也对很多退休人士说过"退休快乐，你辛苦了。以后你就可以做以前想做但没能做的事，尽情地去享受吧"之类的话。然而，现在我却觉得，他们已经不能再那样了，必须要考虑接下来去哪里工作了。因此我才会想，如果能够开一家公司，创造一个聘请退休人员继续工作的机制，那就太有趣了。

我希望新公司的 CEO 可以由充满干劲的年轻人来担任。比起让上了年纪的员工随心所欲地工作，他一定会每周对他们说好几次"现在这样的话工资会少一些噢"。毕竟开了公司立刻就走进死胡同的话，那就难办了。

前面提到的都是一些计划和构想，很多人可能也会产生与我一样的想法。但是要想使其变成一项事业，必须要进入到下一阶段。那就是制订事业计划。要说实际上应如何推进事业的话，那就必须经过一个非常认真的过程，将资金、人才、原材料、设备等全部要素按时间顺序进行数字化，并确认其是否有可能实现。虽然也有人喊着"嗨哟"，凭着气势获得成功，但大多数情况下，一旦对事业计划的内容考虑有误，事业就无法顺利开展。然而，即使你无法确信，也不必马上放弃。从小规模开始试验性地启动事业也是一种办法。这个过程也许就是开展事业的精髓所在。不管怎么说，"65 岁公司"的构想，如果能够确定具体的方案，说不定也会有人想要尝试一下。我最近经常在心里暗自思忖，希望到时候自己也能与大家一同看看这个事业能发展到什么地步。

我之所以在本书的最后描绘这样一幅创业的未来画面，

是因为我希望告诉大家：只要你勤于思考世界上的新领域、企划、技术、网络等，就能发现很多创业机会。保持创业精神，适当地运用经营技巧，那你为社会带来新活力的机会将会是无穷无尽的。如果能够让大家成为描绘成长轨道上的有力参加者，那将是我的荣幸。

图书在版编目（CIP）数据

我的中小企业论 /（日）宫内义彦 著；蒋丰 译 . — 北京：东方出版社，2019.8
ISBN 978-7-5207-1015-2

Ⅰ . ①我…　Ⅱ . ①宫…②蒋…　Ⅲ . ①中小企业—企业管理—研究　Ⅳ . ① F276.3

中国版本图书馆 CIP 数据核字（2019）第 082922 号

WATASHI NO CHUSHOKIGYORONwritten byYoshihiko Miyauchi.
Copyright © 2017by Yoshihiko Miyauchi.. All rights reserved.
Originally published in Japan by Nikkei Business Publications, Inc.
Simplified Chinese translation rights arranged with Nikkei Business Publications, Inc .
through BeijingHanhe International(HK) Co., Ltd.

本书中文简体字版权由汉和国际（香港）有限公司代理
中文简体字版专有权属东方出版社
著作权合同登记号 图字：01-2018-4938号

我的中小企业论
（WO DE ZHONGXIAO QIYE LUN）

作　　者：[日] 宫内义彦
译　　者：蒋　丰
责任编辑：刘　峥
出　　版：东方出版社
发　　行：人民东方出版传媒有限公司
地　　址：北京市朝阳区西坝河北里 51 号
邮　　编：100028
印　　刷：北京汇瑞嘉合文化发展有限公司
版　　次：2019 年 8 月第 1 版
印　　次：2019 年 8 月第 1 次印刷
印　　数：1—14000 册
开　　本：880 毫米 ×1230 毫米　1/32
印　　张：6.5
字　　数：111 千字
书　　号：ISBN 978-7-5207-1015-2
定　　价：42.00 元
发行电话：（010）85924663　85924644　85924641